essentials

Essentials liefern aktuelles Wissen in konzentrierter Form. Die Essenz dessen, worauf es als „State-of-the-Art" in der gegenwärtigen Fachdiskussion oder in der Praxis ankommt. *Essentials* informieren schnell, unkompliziert und verständlich

- als Einführung in ein aktuelles Thema aus Ihrem Fachgebiet
- als Einstieg in ein für Sie noch unbekanntes Themenfeld
- als Einblick, um zum Thema mitreden zu können

Die Bücher in elektronischer und gedruckter Form bringen das Fachwissen von Springerautor*innen kompakt zur Darstellung. Sie sind besonders für die Nutzung als eBook auf Tablet-PCs, eBook-Readern und Smartphones geeignet. *Essentials* sind Wissensbausteine aus den Wirtschafts-, Sozial- und Geisteswissenschaften, aus Technik und Naturwissenschaften sowie aus Medizin, Psychologie und Gesundheitsberufen. Von renommierten Autor*innen aller Springer-Verlagsmarken.

Irene Weber

Open Source Software

Basis für Zusammenarbeit, Innovation und digitale Souveränität

Springer Vieweg

Irene Weber ⓘD
Hochschule für Angewandte
Wissenschaften Kempten
Gosheim, Baden-Württemberg
Deutschland

ISSN 2197-6708 ISSN 2197-6716 (electronic)
essentials
ISBN 978-3-658-51383-2 ISBN 978-3-658-51384-9 (eBook)
https://doi.org/10.1007/978-3-658-51384-9

Die Deutsche Nationalbibliothek verzeichnet diese Publikation in der Deutschen Nationalbibliografie; detaillierte bibliografische Daten sind im Internet über https://portal.dnb.de abrufbar.

Planung/Lektorat: Petra Steinmueller
Springer Vieweg ist ein Imprint der eingetragenen Gesellschaft Springer Fachmedien Wiesbaden GmbH und ist ein Teil von Springer Nature.
Die Anschrift der Gesellschaft ist: Abraham-Lincoln-Str. 46, 65189 Wiesbaden, Germany

Wenn Sie dieses Produkt entsorgen, geben Sie das Papier bitte zum Recycling.

Glück wird mehr, wenn man es teilt[1].
Software auch.

---

[1] Kalenderspruch

Was Sie in diesem *essential* finden können

- Die Basis von Open Source: Lizenzen und Prinzipien, die Akteure und Strukturen im Open-Source-Ökosystem und Open Source bei Künstlicher Intelligenz.
- Verschiedene Projekttypen – von kleinen privaten Initiativen über kommerzielle Projekte bis hin zu großen Gemeinschaftsprojekten – und die Gründe, warum sie Open-Source-Software entwickeln.
- Die Werkzeuge und Prozesse, mit denen Open-Source-Software entsteht.
- Die gängigen Geschäftsmodelle mit Open-Source-Software.
- Die Vorteile von Open-Source-Software, Risiken bei ihrer Anwendung und Maßnahmen, um die Risiken zu begrenzen.

Inhaltsverzeichnis

1 Einleitung 1

2 Wann ist Software Open Source? 5
   2.1 Offene und freie Software 5
   2.2 Essenzielle Software-Freiheiten 6
   2.3 Open-Source-Lizenzen 6
       2.3.1 Echte Open-Source-Software erkennen 7
       2.3.2 Copyleft und permissive Open-Source-Lizenzen 8
       2.3.3 Server-Side-Public- und Business-Source-Lizenzen 8
   2.4 Open Source Artificial Intelligence 10

3 Das Open-Source-Ökosystem 15
   3.1 Communities 15
   3.2 Open-Source-Organisationen 17

4 Typische Open-Source-Projekte 21
   4.1 Kleine, von Privatpersonen betriebene Projekte 21
   4.2 Indirekt kommerzialisierte Single-Vendor
       Open-Source-Software 22
   4.3 Single-Vendor Commercial Open-Source-Software 23
   4.4 Projekte mit akademischem Ursprung 25
   4.5 Große Gemeinschaftsprojekte 26
   4.6 Anwenderverbund-Projekte 28
   4.7 Öffentlich geförderte Open-Source-Projekte 29

5   Wie Open-Source-Software entsteht 33
   5.1   Entwicklung 33
   5.2   Projektleitung und Koordination 37
   5.3   Release-Management 40

6   Geschäftsmodelle mit Open-Source-Software 43
   6.1   Distribution, Wartung und Support 43
   6.2   Single-Vendor Commercial Open-Source-Software 44
   6.3   Cloud- und Hosting-Dienste 45

7   Open-Source-Software anwenden 47
   7.1   Open-Source-Software als Anwender nutzen 47
   7.2   Open-Source-Software als Softwareproduzent einbinden 49

8   Fazit 53

Was Sie aus diesem *essential* mitnehmen können 55

Einleitung 1

Je weiter die Digitalisierung fortschreitet, desto wichtiger wird die Frage, wer Software kontrolliert und was sie genau bewirkt. Damit rückt Open-Source-Software (OSS) in den Blick: Software, die ihre Funktionsweise offenlegt und die unabhängig von einem Softwareproduzenten verwendet werden kann. OSS bedeutet wörtlich Software mit offenem Quellcode. Dieser Begriff klingt technisch, doch er steht für eine vielschichtige und bemerkenswerte Form menschlicher Zusammenarbeit und darüber hinaus für erfolgreiche Geschäftsmodelle. Der Beitrag von OSS zum BIP der Europäischen Union wird auf 65 bis 95 Mrd. € geschätzt (Blind et al. 2021).

Die Anfänge von OSS liegen in den 1980er-Jahren. Das ist recht früh, denn Software im heutigen Sinn gibt es erst seit Ende der 1950er. Bis in die 1960er wurde Software meist kostenlos mit der Computer-Hardware mitgeliefert. In den 1970ern entstanden eigenständige Softwarefirmen, wie z. B. Microsoft, Oracle und SAP, und in den 1980ern wurde Software mit dem Aufkommen von PCs zum Massenprodukt. Die Anbieter begannen, Software ohne Quellcode auszuliefern, denn mit Quellcode war es einfach, die Software nachzubauen oder einen Kopierschutz auszuhebeln. Nutzer konnten solche proprietäre Software nicht mehr ändern und mussten sie verwenden wie vom Produzenten bereitgestellt. Dies betraf auch eine Software, die der US-Informatiker Richard Stallman benutzte. Anders als zuvor konnte er nach einer Aktualisierung eine fehlende Funktion nun nicht mehr selbst einbauen. Stallman sah in abgeschotteter proprietärer Software ein Hindernis für Wissensaustausch, Kooperation und gesellschaftlichen Zusammenhalt, und er erkannte die Problematik digitaler Abhängigkeit, die heute unter dem Schlagwort „digitale Souveränität" wieder diskutiert wird. Er und weitere Unterstützer starteten das GNU-Projekt, um ein freies Betriebssystem zu entwickeln, und gründeten die Free Software Foundation (FSF), die sich für freie Software einsetzt – Software, die jeder frei verwenden,

© Der/die Autor(en), exklusiv lizenziert an Springer Fachmedien Wiesbaden GmbH,   1
ein Teil von Springer Nature 2026
I. Weber, *Open Source Software*, essentials,
https://doi.org/10.1007/978-3-658-51384-9_1

analysieren, ändern und weitergeben kann. Ihnen war klar, dass freie, besitzerlose Software einen rechtsverbindlichen Status benötigt: Sie formulierten die Prinzipien freier Software (Kap. 2), die bis heute definieren, was OSS ausmacht, und die GNU-Lizenzen, die freie Software im amerikanischen Copyright-System positionieren.

Ab den 1990ern komplettierte der Linux-Kernel, initiiert von Linus Torvalds, die Software des GNU-Projekts zu einem praxistauglichen freien Betriebssystem; weitere freie Softwaretools wurden verfügbar. Um die Verbreitung freier Software zu fördern, wurde eine neue Bezeichnung geprägt, nämlich Open Source. Dahinter standen pragmatische Überlegungen zur Präsentation und Außenwirkung der Idee quelloffener Software: Die FSF betont Softwarefreiheit auch als politische und ethische Erfordernis. Die Open-Source-Bewegung wollte weg von der Begriffskomponente „free", die im Englischen auch „gratis" bedeutet, und zudem weniger ideologisch erscheinen. Sie teilt die Prinzipien der Softwarefreiheit, kommuniziert Open Source aber vor allem als überlegene Methodik der Softwareentwicklung. Ähnlich zur FSF formierte sich die Open Source Initiative (OSI) (Kap. 3). Für die Praxis sind die Unterschiede gering: Die grundlegenden Softwarefreiheiten sind weitgehend dieselben, und auch freie Software verlangt immer offenen Quellcode.

Neben Linux entstanden in großen OSS-Projekten weitere Infrastruktur-Softwaresysteme wie die Datenbanksysteme PostgreSQL und MySQL und der Apache Webserver. Solche Systeme laufen heute auf zahlreichen Servern weltweit und sind, für Benutzer unsichtbar, die Basis von vielen Websites und IT-Systemen. Dazu kamen quelloffene Werkzeuge für Softwareentwicklung und Softwarebetrieb, komplette Endanwenderprogramme und nicht zuletzt viele Softwarebibliotheken, die Entwickler in ihre eigene Software integrieren können. 2022 startete die OSI einen breiten Meinungsbildungsprozess dazu, was der Begriff Open Source für Künstliche Intelligenz umfasst; im Oktober 2024 stand die erste Definition fest.

OSS hat neben der technischen auch eine soziale Dimension. Unternehmen aus verschiedenen Branchen wie Telekommunikation, Automobil, Logistik und IT entwickeln in OSS-Projekten gemeinsame Standards, Schnittstellen und Plattformen. Auch Einzelpersonen und öffentliche Institutionen finden im OSS-Modell einen Rahmen, um Technologie gemeinsam zu gestalten (Kap. 4). Es gibt große OSS-Projekte, die über viele Jahre hinweg laufen. OSS hat Mittel und Prozesse geschaffen, um die Zusammenarbeit vieler, über die Welt verstreuter und wechselnder Mitarbeiter zu organisieren (Kap. 5). Warum aber investieren Menschen Zeit und Können, um Software zu entwickeln, die anschließend niemandem gehört? Die Gründe dafür sind vielfältig; teils sind sie uneigennützig, teils dienen sie wirtschaftlichen Interessen. Obwohl OSS selbst meist unentgeltlich ist, ermöglicht sie Wertschöpfung in diversen Geschäftsmodellen und bringt vielen Menschen ein Einkommen (Kap. 6). Zugleich beschleunigt OSS die Digitalisierung und den technologischen

Fortschritt. Unternehmen, Start-ups, private und öffentliche Institutionen können schnell und oft kostenlos auf Software zugreifen, um sie zu erproben, zu nutzen oder darauf aufzubauen. Zwar gibt es bei OSS Risiken, jedoch auch Maßnahmen, um sie einzudämmen (Kap. 7).

Literatur

Blind, K. u. a. (2021). The Impact of Open Source Software and Hardware on Technological Independence, Competitiveness and Innovation in the EU Economy. Techn. Ber. KK-04-21-080-EN-N. European Commission, Directorate-General for Communications Networks, Content and Technology (DG CONNECT). https://doi.org/10.2759/430161.

Wann ist Software Open Source?

Open Source bedeutet wörtlich offener Quellcode, doch Software wird erst zu OSS, wenn sie frei genutzt werden darf.

2.1 Offene und freie Software

Ein Computerprogramm, also Software, ist eine Folge von Anweisungen an einen Computer, in verschiedenen Formaten:

▶ Als **Quellcode** oder Source Code hat Software eine für Menschen lesbare und verständliche Form.

Meist wird Quellcode in einer Programmiersprache als Text geschrieben, seltener auch grafisch als Ablaufdiagramm o. ä. modelliert. In vielen Ländern ist Quellcode durch das Copyright geschützt; in Deutschland unterliegt er dem Urheberrecht. Ohne ausdrückliche Erlaubnis der Rechteinhaber darf Quellcode weder vervielfältigt noch verändert werden.

Um ein Programm auszuführen, übersetzen Programme – Compiler und Interpreter – den Quellcode in Befehle, die ein Computer direkt ausführen kann.

▶ **Objektcode** ist Software in ausführbarer Form.

Als Objektcode kann eine Software genutzt werden. Um sie aber zu verstehen, anzupassen und weiterzuentwickeln, benötigt man ihren Quellcode.

© Der/die Autor(en), exklusiv lizenziert an Springer Fachmedien Wiesbaden GmbH, ein Teil von Springer Nature 2026
I. Weber, *Open Source Software*, essentials,
https://doi.org/10.1007/978-3-658-51384-9_2

▶ **Closed-Source-Software** oder, eher unüblich, geschlossene Software ist Software, die ausschließlich als Objektcode bereitgestellt wird.

Zwar gibt es Programme, die Objektcode wieder in Quellcode überführen. Dieses Reverse Engineering oder Dekompilieren ist jedoch in Deutschland und der EU mit wenigen Ausnahmen verboten und auch in weiteren Ländern nur eingeschränkt zulässig (UrhG 2019, §§ 69a–69e).

2.2 Essenzielle Software-Freiheiten

Bei OSS legen Entwickler oder andere Copyright-Inhaber den Quellcode offen und gewähren außerdem der Allgemeinheit bestimmte Nutzungsrechte oder Freiheiten.

▶ Software gilt als **frei,** wenn sie die vier von der FSF formulierten Freiheiten bietet (übersetzt und gekürzt aus (FSF 2026):

1. die Software für jeden Zweck auszuführen,
2. die Funktionsweise der Software zu untersuchen und sie zu ändern,
3. Kopien weiterzugeben,
4. geänderte Versionen weiterzugeben.

Nur mit offenem Quellcode lassen sich alle Freiheiten wahrnehmen. Die Begriffe Freie Software und OSS bedeuten fast dasselbe; der Begriff Free and Open-Source Software (FOSS) drückt beides zugleich aus. Der Gegensatz zu freier Software ist proprietäre Software.

▶ **Proprietäre Software** ist Software, deren Besitzer die Nutzungsrechte einschränken und nur gegen Bezahlung überlassen.

2.3 Open-Source-Lizenzen

Für proprietäre Software wie für OSS regeln Lizenzen, welche Rechte der Rechteinhaber den Nutzern gewährt. Bei OSS-Lizenzen sind diese Rechte sehr weitgehend und in der Regel unentgeltlich. Sie sind jedoch an Bedingungen geknüpft, die u. a. sicherstellen sollen, dass eine freie Software dauerhaft frei bleibt. Durch eine OSS-Lizenz treten Rechteinhaber ihre Rechte nicht ab; vielmehr entsteht ein rechtsverbindlicher Lizenzvertrag zwischen Nutzer und Rechteinhaber. Warum die Lizenzierung entscheidend ist, wird in den Kap. 4 und 6 klar.

2.3.1 Echte Open-Source-Software erkennen

Grundsätzlich kann jeder Rechteinhaber die Lizenz einer Software frei formulieren. Von Openwashing und fauxpen (schein-offen, ausgesprochen als „fohpen") spricht man, wenn Software als offen präsentiert oder vermarktet wird, ohne dass ihre Lizenz die OSS-Freiheiten tatsächlich gewährt. Um dem entgegenzuwirken, prüfen FSF und OSI Lizenzen anhand ihrer Open-Source-Definitionen und führen Listen mit Lizenzen, die diese erfüllen (OSI 2007, o. D.; FSF 2018).

▶ **OSI-konform** sind Lizenzen, die den Anforderungen der OSI genügen.

▶ **Source Available-Software** bezeichnet Software, die zwar ihren Quellcode offenlegt, aber nicht frei ist im Sinne der OSI.

Eine maßgebliche OSS-Lizenz ist die GNU General Public License (GPL). Sie enthält u. a. folgende Bestimmungen (FSF 2007):

GNU General Public License (GPL)

1. Der Lizenzvertrag gilt uneingeschränkt, solange die Lizenzbedingungen eingehalten werden. Bei Verstoß erlischt er automatisch.
2. Nutzer dürfen den Quellcode einsehen, untersuchen und ändern.
3. Jede Art der Nutzung ist ausdrücklich zulässig, auch kommerziell.
4. Die Software darf weiterverbreitet werden, als Quellcode und in ausführbarer Form. Der Verbreiter (Distributor) darf keine Gebühren für die Nutzung erheben. Es ist aber zulässig, Gebühren für die Bereitstellung zu verlangen und Unterstützungsdienstleistungen (Support) gegen Gebühr anzubieten.
5. Wer die Software verbreitet, muss auch den Lizenztext mitgeben. Wird die Software in ausführbarer Form als Objektcode weitergegeben, sind Quellcode und Lizenztext beizufügen oder auf Anfrage herauszugeben.
6. Geänderte Versionen müssen als modifiziert gekennzeichnet werden und dürfen nur unter GPL weitergegeben werden.

Die Bedingungen in Punkt 5 sind typisch für OSS-Lizenzen. Sie sorgen dafür, dass Lizenzinformationen und Quellcode bei einer Weitergabe erhalten bleiben, sodass alle Empfänger die Rechte kennen und wahrnehmen können. Die Bedingung in Punkt 6 ist dagegen nicht in allen OSS-Lizenzen enthalten. Sie wird als Copyleft bezeichnet – ein Wortspiel auf den Gegensatz zum Copyright.

2.3.2 Copyleft und permissive Open-Source-Lizenzen

Copyleft soll verhindern, dass OSS zu proprietärer Software umlizenziert wird, und es soll für Gegenseitigkeit sorgen: Wer von der gemeinschaftlichen Entwicklungsarbeit profitiert, soll seine Verbesserungen am Code an die Community zurückgeben. Copyleft gibt es in verschiedenen Formen.

▶ Wenn Code mit **starkem Copyleft** in eine Software eingebaut wird, muss die gesamte Software unter denselben Lizenzbedingungen – offen und mit Copyleft – veröffentlicht werden.

▶ **Schwaches Copyleft** verlangt, dass geänderter OSS-Code wieder offengelegt wird. Umgebende Software, die so lizenzierten Code verwendet, kann weiterhin proprietär bleiben, solange sie klar von OSS-Komponenten getrennt ist.

OSS mit starkem Copyleft wird auch als viral oder infektiös bezeichnet.

▶ **Permissive** OSS-Lizenzen verzichten ganz auf Copyleft.

In den frühen 2000er-Jahren begann ein Trend hin zu permissiven Lizenzen wie MIT und Apache. Um die Jahre 2024 und 2025 sind sie sehr viel häufiger in öffentlichen Codebasen zu finden als Copyleft-Lizenzen etwa aus der GPL-Familie. Einige gebräuchliche Lizenzen sind in Tab. 2.1 zusammengestellt.

2.3.3 Server-Side-Public- und Business-Source-Lizenzen

Ab den 2010ern bauten Amazon, Microsoft, Google etc. große, über das Internet erreichbare Rechenzentren: Amazon Web Services (AWS), Microsoft Azure, Google Cloud usw. bilden zusammen die Cloud. Darauf bieten sie gegen Entgelt Software als gebrauchsfertigen Dienst an. Diese Dienste (z. B. ein Datenbankdienst) sind häufig mit OSS realisiert, doch weil die Software dabei nicht weitergegeben

Tab. 2.1 Verbreitete OSS- und Source-Available-Lizenzen. Kursiv gedruckte sind nicht OSI-konform

Lizenz	Bedeutung	Copyleft
MIT	MIT License	Permissiv
Apache-2.0	Apache License	Permissiv
GPL-2.0	GNU General Public License	Stark
GPL-3.0	GNU General Public License	Stark
LGPL-3.0	GNU Lesser General Public L.	Schwach
MPL-2.0	Mozilla Public License	Schwach
EPL-2.0	Eclipse Public License	Schwach
AGPL-3.0	Affero General Public License	Stark + Netzwerk-Klausel
SSPL-1.0	*Server Side Public License*	*Stark + keine freie Nutzung*
BSL-1.1	*Business Source License*	*Temporär keine freie Nutzung*

wird, greifen Copyleft-Bedingungen nicht. Die OSS lässt sich also nutzen, ohne dass die Community eine Gegenleistung erhalten muss. Hier sollen spezielle Lizenzen abhelfen.

▶ Bei der **Server-Side-Public-Lizenz (SSPL)** muss ein Nutzer, der die Software als Dienst anbietet, ihren Quellcode einschließlich etwaiger Modifikationen offenlegen und zusätzlich den Code der Programme, die den Dienstbetrieb ermöglichen (die Software für Administration, Monitoring, Backup usw.).

In der Praxis erschwert die SSPL den Einsatz einer Software auf Diensteplattformen so sehr, dass sie die Nutzungsfreiheit faktisch einschränkt. Daher gilt die SSPL nicht mehr als OSI-konform.

▶ Wer mit einer **Netzwerk-Klausel (NWK)** lizenzierte OSS über ein Netzwerk zur Nutzung anbietet, muss ihren Quellcode einschließlich etwaiger Modifikationen den Nutzern zugänglich machen.

Die ältere Affero General Public License (AGPL) von 2007 erweitert starkes Copyleft um eine NWK. Während die SSPL verlangt, den Code für den gesamten Dienstbetrieb offenzulegen, fordert die AGPL dies nur für die OSS selbst und ist damit noch OSI-konform.

▶ Die **Business Source License (BSL)** von 2013 ist eine Source-Available-Lizenz mit Ablaufdatum. Nach einer angegebenen Frist und spätestens nach vier Jahren wird sie automatisch durch eine GPL-kompatible Lizenz ersetzt.

Software mit BSL legt zwar ihren Quellcode offen, doch wer sie kommerziell einsetzt, benötigt dafür eine andere, meist kostenpflichtige Lizenz. Die BSL ist nicht OSI-konform.

> **MongoDB**
>
> MongoDB Inc. wechselte 2018 mit seiner dokumentbasierten Datenbank MongoDB von der AGPL auf die SSPL, um sein eigenes MongoDB-Cloudangebot vor Konkurrenz zu schützen. Als klar wurde, dass SSPL keine echte OSS-Lizenz im Sinne der OSI ist, ersetzten andere OSS-Projekte MongoDB in ihren Systemen durch offene Alternativen. MongoDB blieb weiterhin erfolgreich.

In der Praxis unterstützen Cloudanbieter oft auch Software, die unter einer üblichen OSS-Lizenz steht; z. B. sponsert AWS die offene Datenbanksoftware PostgreSQL (The PostgreSQL Global Development Group 2025).

2.4   Open Source Artificial Intelligence

Artificial Intelligence (AI), auf Deutsch Künstliche Intelligenz (KI), hat mit der Veröffentlichung von ChatGPT Ende 2022 neue Aufmerksamkeit gewonnen. Die „Intelligenz" von Chatbots wie ChatGPT kommt von KI-Modellen, die man außer für Chatbots auch für vielfältige weitere Aufgaben einsetzen kann. Diese KI-Modelle, insbesondere Sprachmodelle, gibt es auch kostenlos und mehr oder weniger offen. KI-Modelle unterscheiden sich grundlegend von konventioneller Software. Sie arbeiten nicht nach einem programmierten Ablauf, sondern berechnen Wahrscheinlichkeiten mit Formeln, deren als Gewichte (weights) bezeichnete Parameter man durch Training mit Beispieldaten gewinnt. Um ein KI-Modell anzuwenden, braucht man die Gewichte und Inferenz-Code; d. i. das Programm, das die Berechnung anstößt. Um die Ausgaben des KI-Modells zu ändern – etwa um es für eine neue

Aufgabe zu spezialisieren – ändert man seine Gewichte, üblicherweise durch weiteres Training.

> **Training von KI-Modellen**
> KI-Modelle sind im Kern mathematische Formeln, die berechnen, mit welcher Wahrscheinlichkeit Wortfragmente, Bildpunkte oder Töne in einem gegebenen Kontext vorkommen. Durch Aneinanderfügen der jeweils wahrscheinlichsten Wortfragmente (Bildpunkte, Töne) generieren sie plausible künstliche Texte (Bilder, Sprachwiedergaben, Videos etc.). Die Formeln der KI-Modelle enthalten viele, oft Millionen Gewichte, die als Faktoren in die Wahrscheinlichkeitsberechnung eingehen. Man ermittelt sie durch Training: Man vergleicht die vom Modell berechneten Wahrscheinlichkeiten mit bekannten Texten (Bildern, Sprachaufnahmen etc.) und justiert die Gewichte so lange immer wieder nach, bis die Berechnungen mit den Vorlagen gut genug übereinstimmen. Das Training ist teuer; bei den größten Modellen erfordert es riesige Datenmengen und monatelange Rechenzeit auf Tausenden von Prozessoren. Nach dem ersten, aufwändigen Grundtraining werden Modelle oft noch mit kleineren, spezialisierten Datensätzen nachtrainiert. Dieses Feintuning ist dann deutlich schneller und billiger.

Da die etablierte OSS-Definition dies nicht abdeckt, wurde unter Federführung der OSI eine neue Definition von Open Source Artificial Intelligence (OSAI) erarbeitet. Diese definiert OSAI, angelehnt an die OSS-Definition, ebenfalls durch vier Freiheiten (OSI 2024):

1. das KI-Modell bedingungslos und beliebig zu verwenden,
2. seine Funktionsweise und Komponenten zu untersuchen,
3. es und seine Ausgaben beliebig zu ändern und
4. es mit oder ohne Änderungen weiterzugeben.

Um sie wahrnehmen zu können, müssen unterschiedliche Komponenten des KI-Modells verfügbar sein.

Verwenden und Ändern Für die Verwendung eines KI-Modells sind die Gewichte sowie der Inferenz-Code erforderlich. Die Gewichte und ev. der Trainingscode erlauben, das Verhalten eines KI-Modells durch Feintuning anzupassen.

▶ **Open-Weight-Modelle** sind KI-Modelle, die Gewichte und Inferenz-Code veröffentlichen.

Analysieren und Verstehen Während der Quellcode von konventionell programmierter Software für Menschen lesbar ist und genau zeigt, wie Programmergebnisse zustandekommen, ist dies bei einem KI-Modell anders: seine Logik ergibt sich aus dem Zusammenspiel vieler, im Training ermittelter Gewichte. Dieses Zusammenspiel ist so komplex, dass die Gewichte allein kaum erklären, warum das KI-Modell bestimmte Ergebnisse produziert. Um ein KI-Modell untersuchen und seine Funktionsweise verstehen zu können, verlangt die OSAI-Definition daher eine Beschreibung des Trainingsprozesses und der Trainingsdaten – detailliert genug, um ein im Wesentlichen äquivalentes Modell bauen zu können.

Frei nutzen KI-Modelle lassen sich sehr vielseitig einsetzen, auch für Zwecke, die bei ihrer Herstellung nicht vorgesehen waren, z. B. Code für Cyberattacken oder Bauanleitungen für Waffen zu generieren. Setzt man sie in automatisierten Systemen ein, treffen sie möglicherweise unfaire Entscheidungen. Sie können Deepfakes erzeugen – real wirkende Bilder, Videos und Sprachwiedergabe –, die Persönlichkeitsrechte verletzen und sich für Täuschung und Betrug verwenden lassen. Daher wird der Einsatz von KI-Modellen gesetzlich reguliert. Die Lizenzen einiger KI-Modelle enthalten dementsprechende Klauseln, andere schränken die Nutzung ein.

▶ **Acceptable Use Policies (AUP)** verbieten die Anwendung für schädigende Zwecke, z. B. Desinformation, Hassinhalte oder Betrug.

▶ **MAU (Monthly Active Users)-Deckel** verlangen eine kommerzielle Lizenz ab einer bestimmten Anzahl monatlich aktiver Nutzer des KI-Dienstes.

In der Praxis sind frei verfügbare KI-Modelle oft Open-Weight-Modelle, erfüllen aber die OSAI-Anforderungen nur teilweise: zum einen, weil sie ihr Training nicht genau genug offenlegen; zum anderen, weil sie die Nutzung beschränken.

▶ **Responsible AI Licenses (RAIL)** sind KI-Lizenzen mit AUP.

Tab. 2.2 nennt einige prominente gewichtsoffene KI-Modelle und zum Vergleich auch das bekannte, proprietäre GPT-3. Den OSAI-Anforderungen entsprechen vier der elf Modelle. Bemerkenswert ist, dass Ende 2025 die nicht-kommerzielle Forschung zwei größere OSAI-gemäße Modelle veröffentlicht hat.

Tab. 2.2 Lizenzierung bekannter Open-Weight-KI-Modelle mit Erscheinungsjahr und Größe in Mrd. Parameter. OSAI-gemäße Modelle sind fettgedruckt. Quellen: siehe (Weber 2026)

Modell	Jahr	Par.	Lizenz	Training	Nutzung
GPT-2	2019	1,5	MIT (mod.)	Fehlt	Frei
GPT-3	*2020*	*175*	*Proprietär*	*Fehlt*	*Nicht frei*
GPT-NeoX	**2022**	**20**	**Apache-2.0**	**Ja**	**Frei**
BLOOM	2022	176	RAIL v1.0	Ja	AUP
Falcon 40B	**2023**	**40**	**Apache-2.0**	**Ja**	**Frei**
Falcon 180B	2023	180	Eigene	Ja	AUP
LLaMA 3.1	2024/7	405	Eigene	Fehlt	AUP, MAU
DeepSeek V3	2024	671	Eigene	Fehlt	AUP
gpt-oss 120b	2025/8	117	Apache-2.0	Fehlt	Frei
Apertus-70B	**2025/9**	**70**	**Apache-2.0**	**Ja**	**Frei**
OLMo 3	**2025/11**	**32**	**Apache-2.0**	**Ja**	**Frei**

Herausragende gewichtsoffene KI-Modelle

GPT-3 von OpenAI ist das Sprachmodell, mit dem ChatGPT Ende 2022 startete und diese Form der KI populär machte. Während OpenAI das kleinere Vorläufermodell GPT-2 2019 noch veröffentlichte, blieben GPT-3 und seine Nachfolger proprietär. Erst seit August 2025 gibt es mit gpt-oss 120b wieder ein Open-Weight-Modell von OpenAI. GPT-NeoX ist eines der ersten großen und OSAI-gemäßen Modelle. Es stammt von EleutherAI, das als offene Entwickler-„Graswurzelbewegung" begann und 2023 in den USA formal als gemeinnütziges Forschungsinstitut gegründet wurde. Die Falcon-Modelle sind Entwicklungen des staatlichen Technology Innovation Institute in den Vereinigten Arabischen Emiraten. Das kleinere Falcon-40B steht unter der Apache-2.0-Lizenz, während die Lizenz des größeren Falcon-180B eine AUP beinhaltet. BLOOM ist ein frühes mehrsprachiges großes Sprachmodell und steht unter einer RAIL. Es stammt von der BigScience-Initiative, einem Forschungsverbund von mehr als 250 Institutionen mit über 1000 Wissenschaftlern aus 60 Ländern. Zwei große OSAI-gemäße Modelle kamen 2025 heraus: Apertus-70B ist an Schweizer Universitäten und Rechenzentren entstanden, OLMo 3 am gemeinnützigen Allen Institute for AI in den USA.

Literatur

FSF (2007). GNU General Public License, Version 3. https://www.gnu.org/licenses/gpl-3.0.html. (Besucht am 08.02.2026.)

FSF (2018). Various Licenses and Comments about Them. https://www.gnu.org/licenses/license-list.html.en. (Besucht am 08.02.2026.)

FSF (2026). What Is Free Software? https://www.gnu.org/philosophy/free-sw.html.en. (Besucht am 08.02.2026.)

OSI (o. D.). Licenses. https://opensource.org/licenses/. (Besucht am 08.02.2026.)

OSI (2007). The Open Source Definition. https://opensource.org/osd. (Besucht am 08.02.2026.)

OSI (2024). OSAID 1.0. https://opensource.org/ai/open-source-ai-definition. (Besucht am 08.02.2026.)

The PostgreSQL Global Development Group (2025). PostgreSQL: Sponsors. https://www.postgresql.org/about/sponsors/. (Besucht am 08.02.2026.)

UrhG (2019). Urheberrechtsgesetz. https://www.gesetze-im-internet.de/urhg/69a.html. (Besucht am 28.10.2025.)

Weber, I. (2026). OSAI-Models. https://github.com/weberi/OSAI-Models/. (Besucht am 08.02.2026.)

Das Open-Source-Ökosystem

3

Rund um OSS ist im Lauf der Jahre ein übergreifendes Ökosystem entstanden, in dem viele Projekte, Organisationen und Akteure miteinander verflochten sind. Im einzelnen Projekt wie im gesamten OSS-Ökosystem spielen Communities und formale Organisationen wichtige Rollen.

3.1 Communities

Zur Community eines OSS-Projekts gehören alle, die sich aktiv daran beteiligen. Während die Community kleiner Projekte oft nur aus wenigen Einzelpersonen besteht, kann sie bei großen Initiativen Tausende umfassen, in verschiedenen Rollen, siehe Abb. 3.1.

> **Rollen im Projekt**
> Innerhalb der Community gibt es verschiedene Rollen (Peters und Ruf o. D.; GitHub 2025):
>
> - **Autor, Initiator** stehen am Anfang: Sie richten das Code-Repository ein, schreiben den ersten Code, wählen die Lizenz und definieren Zweck und Vision des Projekts. In der frühen Phase sind sie oft gleichzeitig Leader und Owner.
> - **Leader** sind einzelne Personen oder auch ein Gremium mit letzter Entscheidungsbefugnis.

I. Weber, *Open Source Software*, essentials,
https://doi.org/10.1007/978-3-658-51384-9_3

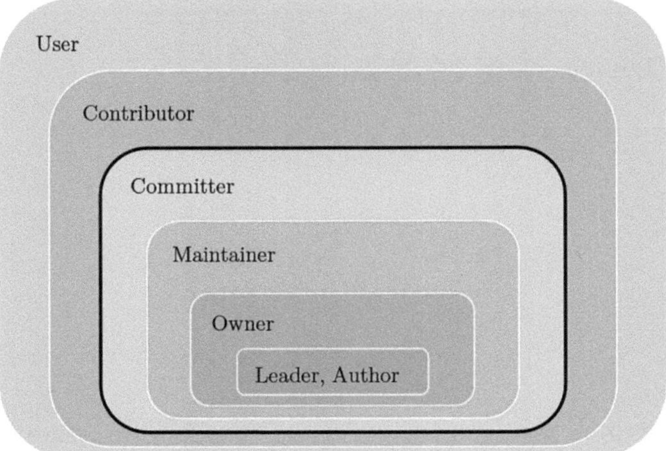

Abb. 3.1 Aufbau einer OSS-Community. Von außen nach innen nehmen Rechte und Verantwortung zu. Das Kern-Team ist dunkel umrandet

- **Owner** verwalten den Code des Projekts. Sie haben vollen Zugriff und können anderen Berechtigungen gewähren und entziehen.
- **Maintainer** haben von den Leadern übertragene Verantwortung und Entscheidungsbefugnis für Teile des Projekts, z. B. für eine Komponente oder die Dokumentation.
- **Committer, Core Developer** sind bewährte und engagierte Entwickler, die eigenständig Code beisteuern und Beiträge von anderen prüfen.
- **Contributor** sind alle, die etwas beitragen, sei es Code, Tests, Dokumentation, Übersetzungen etc. Ihre Beiträge werden von Committern oder Maintainern geprüft und anschließend übernommen oder abgelehnt.
- **User** melden Fehler, schlagen neue Funktionen vor, geben Feedback und helfen unentgeltlich in Foren. Sie treiben das Projekt voran und machen es bekannt und nutzbar.

Wie in Abb. 3.1 veranschaulicht, nehmen von außen nach innen die Rechte, Verantwortung und der Einfluss der Personen zu. Beitragende, die regelmäßig Code von guter Qualität liefern, können zum Committer ernannt werden und gehören dann zum Kern-Team.

Die Community ist ein maßgeblicher Erfolgsfaktor für OSS-Projekte und bringt vielfältige Vorteile:

- **Wachstum und Dauerhaftigkeit:** Durch Codebeiträge aus der Community kommt das Projekt schneller voran. Es wird unabhängig von einzelnen Personen und kann dauerhaft bestehen.
- **Qualität und Praxisnähe:** Aktive Nutzer aus der Community melden Fehler und Schwächen und schlagen Verbesserungen und neue Funktionen vor. So kann sich das Projekt auf reale Anforderungen ausrichten.
- **Verbreitung:** Die Community unterstützt neue Anwender, hilft Probleme zu lösen, berichtet über das Projekt etc. Das Projekt wird bekannter und die Community wächst weiter.
- **Innovation:** Eine offene Community zieht Beiträge aus vielfältigen Bereichen an; die Chance auf neuartige Lösungen steigt.
- **Entstehung eines Projekt-Ökosystems:** Anwender der Software finden in der Community Experten, die die OSS einführen, administrieren und weiterentwickeln können. Die Community erstellt Zusatz-Tools, Themes, Erweiterungen usw., die die OSS noch nützlicher machen. Kommerzielle Dienstleister bieten Support, Trainings, Zertifizierungen etc.. an, die den Einsatz der OSS weiter professionalisieren und sie unternehmenstauglich machen.

Die einzelnen Vorteile haben je nach Projekt unterschiedlich großes Gewicht.

3.2 Open-Source-Organisationen

Während Communities informelle Gruppen sind, haben OSS-Organisationen einen rechtlichen Status, meist als gemeinnützige Stiftungen oder Vereine. Ihre Finanzierung stammt aus Fördergeldern, Spenden, Unternehmensponsoring und Mitgliedsbeiträgen von Privatpersonen und Unternehmen. Die Organisationen erfüllen mehrere Funktionen:

- Sie vertreten OSS-Interessen nach außen, initiieren Diskussionen zur Meinungsbildung, formulieren Positionen und Standards für Open Source, kommunizieren mit Politik, Presse und Öffentlichkeit und greifen bei Lizenzverletzungen juristisch ein.
- Sie geben Gemeinschaftsprojekten einen rechtlichen und organisatorischen Rahmen mit vorformulierten Lizenzen, Vertragsvorlagen und Governance-Modellen

(Vorgehensweisen, wie sich Projektpartner bei grundsätzlichen Entscheidungen einigen).

- Sie greifen mehr oder weniger in die technische Projektsteuerung ein (vgl. Abschn. 4.5).
- Sie unterstützen OSS-Projekte mit technischer Infrastruktur (z. B. Speicherplatz für den Code), schützen Markenrechte und verwalten Finanzen (z. B. für Stipendien und festangestellte Mitarbeitende).
- Sie organisieren Konferenzen und Events mit Vorträgen, Workshops, Tutorials etc., in denen sich die Community austauscht, vernetzt und informiert.

Dabei haben sie unterschiedliche Schwerpunkte:

Projektunabhängige Stiftungen und Verbände wie FSF und OSI sind vor allem damit befasst, die Standards und Interessen von OSS allgemein zu vertreten und zu kommunizieren. Dabei ist die FSF, gegründet 1985, ein Verfechter von Copyleft und betont die politische und ethische Bedeutung von OSS, während die OSI, gegründet 1998, sich pragmatischer und wirtschaftsnäher ausrichtet (OSI 2025; FSF 2026).

> **Open Source Business Alliance**
> In Deutschland kommuniziert die OSS-Industrie u. a. über die Open Source Business Alliance – Bundesverband für digitale Souveränität e. V. (OSBA), die 2011 durch Fusion der Linux Solutions Group e. V. und des LIVE Linux-Verbands e. V. entstand. Ende 2025 hat sie über 250 Mitgliedsunternehmen mit insgesamt mehr als 126 Mrd. € Jahresumsatz. Zusammen mit wissenschaftlichen Einrichtungen und Anwenderorganisationen wirbt sie für OSS als Mittel für digitale Souveränität, Innovation und Sicherheit. Ihr Ziel: OSS als Standard der öffentlichen Beschaffung, Forschungs- und Wirtschaftsförderung zu etablieren.

Projektbetreuende Organisationen sorgen für einzelne oder miteinander verbundene Projekte, z. B.:

- die Linux Foundation für das Betriebssystem Linux und verwandte Projekte,
- die Document Foundation für die freie Office-Suite LibreOffice,
- der kleine, gemeinnützige Verein JabRef e. V. für die Literaturverwaltung JabRef.

Schirm-Stiftungen nehmen hunderte Projekte auf. Beispiele sind

- die Apache Software Foundation (gegründet 1999) mit mehreren hundert betreuten Initiativen aus dem Bereich Webserver und Big Data und
- die Eclipse Foundation (gegründet 2004), die neben dem Softwareentwicklungstool Eclipse noch über 400 weitere Projekte für Automotive, Internet of Things, Industrie 4.0 o. ä. betreut.

Einige große internationale OSS-Stiftungen haben Ableger in Europa, so wie seit 2001 die FSF Europe e. V. und seit 2022 die Linux Foundation Europe.

Literatur

FSF (2026). What Is Free Software? https://www.gnu.org/philosophy/free-sw.html.en.

GitHub (2025). How to Contribute to Open Source. https://opensource.guide/how-to-contribute/. (Besucht am 08.02.2026.)

OSI (2025). About the Open Source Initiative. https://opensource.org/about. (Besucht am 08.02.2026.)

Peters, S. und N. Ruff (o. D.). Participating in Open Source Communities. https://www.linuxfoundation.org/resources/open-source-guides/participating-in-open-source-communities. (Besucht am 08.02.2026.)

Typische Open-Source-Projekte 4

Wer entwickelt OSS und was ist dabei zu gewinnen? OSS stammt längst nicht mehr nur von Freiwilligen, die in ihrer Freizeit aus Freude und Altruismus programmieren. Zwar gibt es viele solcher Projekte (z. B. das bereits genannte JabRef), aber viele OSS-Projekte werden heute von Unternehmen finanziert oder dienen kommerziellen Zielen direkt. Im Jahr 2020 waren knapp die Hälfte der Entwickler in OSS-Projekten Privatpersonen (Nagle et al. 2020), die anderen 51 % arbeiteten im Auftrag eines Unternehmens mit.

Nach Ursprung, Größe, Organisationsform und Ziel lassen sich verschiedene Typen von OSS-Projekten unterscheiden, wobei OSS-Projekte lange bestehen – manche bereits Jahrzehnte – und dabei von einem Typ in einen anderen übergehen können.

4.1 Kleine, von Privatpersonen betriebene Projekte

Diese Projekte starten oft aus persönlichem Interesse oder zur Lösung eigener Aufgaben.

Was wird entwickelt? Im Prinzip alles; typisch sind Tools für Multimedia und für Datenanalysen, Sicherheits- und Netzwerk-Tools, Automatisierungsskripte, Software-Bibliotheken, Themes (Oberflächendesigns) oder Plugins (Erweiterungen) für bestehende Programme.

© Der/die Autor(en), exklusiv lizenziert an Springer Fachmedien Wiesbaden GmbH, 21
ein Teil von Springer Nature 2026
I. Weber, *Open Source Software*, essentials,
https://doi.org/10.1007/978-3-658-51384-9_4

> **JabRef**
> JabRef ist ein Tool zur Verwaltung von Literatur für wissenschaftliche Arbeiten, das 2003 privat gestartet wurde (Kopp et al. 2023). 20 Jahre später erhält es jeden Monat Beiträge von durchschnittlich 15 Entwicklern.

Warum OS? Kleine Projekte profitieren von der Community wie in Abschn. 3.1 beschrieben. Manchmal veröffentlichen Entwickler ihre Projekte, um ihr Portfolio und ihre Fähigkeiten zu zeigen, z. B. bei der Stellensuche oder um Aufträge anzuwerben.

4.2   Indirekt kommerzialisierte Single-Vendor Open-Source-Software

Single-Vendor OSS ist OSS, die von einem einzelnen Unternehmen, dem Single-Vendor (SV), kontrolliert und zum größten Teil von dessen Mitarbeitern programmiert wird. SV OSS zielt auf Gewinn, direkt oder indirekt. Projekte mit direkter Kommerzialisierung beschreibt der Abschn. 4.3. Hier wird zunächst indirekt verwertete OSS betrachtet.

Was wird entwickelt? Software, die kommerzielle Hauptprodukte unterstützt, wie etwa Software Development Kits (SDKs), die Softwareentwickler in ihre eigenen Programme einbinden können, um an das Hauptprodukt anzuknüpfen; Programmbibliotheken zur Entwicklung von Apps etc., von denen der SV profitiert; Programmbibliotheken, die der SV benötigt.

> **Stripe SDK**
> Der Bezahldienst Stripe wickelt Zahlungen für Dienste und Produkte im WWW ab. Für jeden Bezahlvorgang erhält Stripe eine Gebühr. Mit dem quelloffenen SDK macht Stripe es Entwicklern leicht, den Bezahldienst in ihre Anwendungen einzubinden.

Android SDK von Google
Mit dem Android SDK von Google kann man Apps für Android-Smartphones entwickeln. Google profitiert von einem reichhaltigen Angebot an Apps, die Android-Geräte attraktiv machen und im Google Play Store und durch In-App-Werbung Geld einbringen.

React
React ist eine Programmbibliothek, mit der man Webanwendungen programmieren kann, genauer, ihre Frontends, die Oberflächen mit Bedienelementen. Meta, der Mutterkonzern von Facebook, nutzt React für seine eigenen Produkte (Facebook, Instagram und einige weitere). Meta hat React unter eine OSS-Lizenz gestellt, finanziert weiterhin die meisten Entwickler und bestimmt die strategische Ausrichtung (Roadmap) des Projekts. Stand 2025 gehört React zu den beliebtesten UI-Frameworks (Softwarebibliotheken für Bedienoberflächen) überhaupt.

Warum OS? Dank der OSS-Lizenzen können Entwickler die SDKs und Programmbibliotheken rechtssicher für ihre eigenen Entwicklungen einsetzen und diese auch weitergeben. Dadurch stützen sie das Hauptprodukt des SVs. Bei einem Tool wie React, das der SV selbst einsetzt, verursacht die Finanzierung von Entwicklern keine zusätzlichen Kosten. Neben der Unterstützung aus der Community bringt der OSS-Status weitere Vorteile: der SV profiliert sich als Technologieführer und gewinnt Ansehen bei externen Entwicklern, also potenziellen Mitarbeitern.

4.3   Single-Vendor Commercial Open-Source-Software

Bei SV Commercial OSS, kurz COSS, zielt der SV auf direkte Einnahmen, vergleichbar mit dem Vertrieb proprietärer Software. Im COSS-Geschäftsmodell (vgl. Abschn. 6.2) stellt der SV Teile der Software als Community Edition (CE) unter eine OSS-Lizenz und lizenziert weitere Teile proprietär als Enterprise Edition (EE). Um dies durchsetzen zu können, sichert sich der SV möglichst weitgehend die Eigentumsrechte am Code. Externe Entwickler müssen die Rechte an ihren Beiträgen meist über ein Contributor License Agreement (CLA) auf den SV übertragen.

Einige Projekte öffnen sich von vornherein nur eingeschränkt für externe Code-beiträge. Gelegentlich geben SVs die offene CE auf, wenn sich die Software im Markt etabliert hat, und führen nur die EE weiter. Jeder hat die Chance, die CE zu übernehmen – allerdings nicht im COSS-Modell, da die nötigen Exklusivrechte am Code fehlen.

Was wird entwickelt? Anwendungssoftware, die bereits als CE ein vollwertiges, nutzbringendes Produkt ist und sich gegen Gebühr um zusätzliche Funktionen oder Dienste erweitern lässt.

Liferay

Liferay ist eine flexible und mächtige Webportal-Plattform, die Webseiten und Formulare bereitstellt, Dokumente verwaltet, Workflows automatisiert und vieles mehr. Plugins, aus der Community oder von Anwendern selbst erstellt, erweitern den Funktionsumfang bei Bedarf. Liferay eignet sich bereits als CE für umfangreiche Kundenportale, Intranets und als Kollaborationsplattform. Die EE wird als Abonnement angeboten mit professionellem Support (vgl. Abschn. 6.1) und exklusiven EE-Funktionen.

Rasa

Rasa Open Source (ROS) ist eine Plattform, mit der man Chatbots und sprachbasierte Assistenten entwickeln kann. Forschungsarbeiten nutzen sie gerne, weil ROS offen ist und man eigenen Code für Experimente einbinden kann. Das Unternehmen Rasa Technologies bietet neben der CE-Version ROS eine EE mit zusätzlichen Algorithmen und Administrationstools. Wie andere Chatbot-Plattformen auch, integriert Rasa seit 2024 große Sprachmodelle mit ihren überlegenen Sprachfähigkeiten, jedoch nur in der EE. Ende 2025 ging die CE ROS (möglicherweise vorübergehend) in den Maintenance-Modus und erhält noch Pflege-Updates, wird aber nicht weiter ausgebaut.

Warum OS? Die kostenlose CE legt die Einstiegshürde für Anwender sehr niedrig und wirkt als Türöffner. Die Community liefert nicht nur wertvollen Input für die Entwicklung; sie leistet auch Support für die CE, den der kommerziell agierende SV für eine Gratis-Software auf Dauer wohl nicht leisten könnte. Oft pflegen SV-Mitarbeiter als Community Advocates die Bindung, indem sie in Foren antworten und moderieren, Tutorials veröffentlichen und Community Events wie Treffen, Wettbewerbe etc. organisieren.

4.4 Projekte mit akademischem Ursprung

An Hochschulen und Forschungsinstituten entsteht Software, mit der Forscher und Studierende experimentieren, üben und sie Stück für Stück erweitern. Projekte aus der Forschung zielen auf Wissenschaftskommunikation und Transfer: Sie veranschaulichen Forschungsergebnisse für die Öffentlichkeit oder sollen als Demos und Prototypen Finanzierung und Kooperationspartner für Forschungsprojekte einwerben.

Was wird entwickelt? Lehr- und Übungsumgebungen; Algorithmen- und Werkzeugsammlungen für Experimente, die über Jahre wachsen und reifen; Demonstratoren; Prototypen; Plattformen für Datenaustausch und Kooperationen.

Yale/RapidMiner
YALE (Yet Another Learning Environment) (Ritthoff et al. 2001) wurde an der Universität Dortmund entwickelt, als Sammlung von Verfahren des maschinellen Lernens und der Datenanalyse, mit einer grafischen Oberfläche, um die Verfahren zu kombinieren und auszuführen. Aus YALE ging später das kommerzielle, aber im Kern weiterhin quelloffene System RapidMiner hervor.

Warum OS? Offener Quellcode ist nachprüfbar und zitierfähig. Beides sind wesentliche Voraussetzungen für wissenschaftliches Arbeiten. Vor allem aber gibt die OSS-Lizenzierung den Projekten einen formalen Rahmen, in dem wechselnde, ev. auch informelle Mitarbeiter und Studierende kontinuierlich mitentwickeln können.

4.5   Große Gemeinschaftsprojekte

Große OSS-Gemeinschaftsprojekte schaffen meist eine gemeinsame Technologie, einen Industriestandard oder eine Software, die für Schlüsselaufgaben unverzichtbar ist. IT-Unternehmen (Vendors) finanzieren eine Stiftung, die koordiniert, und entsenden Mitarbeiter als Entwickler. Oft sind viele Akteure beteiligt; die Community kann hunderte Personen umfassen. Die Steuerung und inhaltliche Ausrichtung liegt bei Komitees. Je nach der Zusammensetzung unterscheidet man Community-gesteuerte und Vendor-gesteuerte Projekte (Yenişen Yavuz et al. 2025).

▶ Bei **Community-gesteuerten Projekten** werden die Mitglieder des Steuerungskomitees aufgrund ihrer Expertise und ihres Engagements für das Projekt ausgewählt. Man spricht hier auch von einer Meritokratie.

Viele bekannte große OSS-Projekte sind Community-gesteuert.

▶ Bei **Vendor-gesteuerten Projekten** setzt sich das Komitee aus Vertretern der Vendors zusammen.

Was wird entwickelt?
Infrastruktur-Software (z. B. Webserver, Betriebssysteme, Datenbanken) oder komplexe Endanwender-Programme (z. B. Office-Pakete, Softwareentwicklungsumgebungen).

Community-gesteuerte Projekte für direkt nutzbare Software
Das bedeutendste und größte Community-gesteuerte OSS-Projekt ist wohl das Betriebssystem Linux. Die Linux Foundation wird von fast allen großen und vielen kleineren IT-Unternehmen unterstützt.

LibreOffice wird unter Betreuung der Document Foundation von einer globalen Gemeinschaft aus Entwicklern und Nutzern getragen, die eine herstellerunabhängige Office-Suite für wichtig halten.

Das Eclipse-Projekt, unter Betreuung der Eclipse Foundation, wurde ursprünglich von IBM initiiert mit dem Ziel, eine herstellerunabhängige Softwareentwicklungsplattform bereitzustellen.

Node.js, ein Community-gesteuertes Technologie-Projekt
JavaScript ist eine Skriptsprache, die Webseiten dynamisch macht. Skripte sind keine eigenständig ausführbaren Programme, sondern brauchen eine Laufzeitumgebung, d. i. Software, die sie als Befehlssequenz interpretiert und ausführt. Jeder übliche Browser enthält eine solche Laufzeitumgebung. Node.js ist eine eigenständige Laufzeitumgebung für JavaScript außerhalb von Browsern. Der private Entwickler Ryan Dahl startete das Projekt 2009. Heute wird es durch die OpenJS Foundation unter dem Schirm der Linux Foundation betreut, mit Microsoft Azure und anderen Cloudanbietern als strategischen und finanzierenden Partnern. Eine einheitliche Laufzeitumgebung (statt mehrerer konkurrierender) bringt Vorteile: sie kann ein großes Ökosystem aufbauen mit standardisierten Schnittstellen, automatischen Installationsmechanismen, vielen ergänzenden Softwarepaketen und einem großen Entwickler-Pool.

PyTorch, ein überwiegend Vendor-gesteuertes Technologie-Projekt
PyTorch ist eine quelloffene Programmbibliothek mit vorgefertigten Programmteilen, um künstliche neuronale Netze zu entwickeln und zu trainieren. PyTorch entstand im AI Research Lab von Facebook (Meta) und wurde 2017 unter permissiver Lizenz veröffentlicht. Getragen wird es von der PyTorch Foundation (PtF) unter dem Schirm der Linux Foundation. Die PtF finanziert sich durch Mitgliedschaften. Stand 2025 gehören Meta, Google, Intel, Microsoft, AWS, NVIDIA, IBM u. a. zu den Premium-Mitgliedern und können Sitze im Steuerungskomitee erhalten, welches Befugnisse an weitere Community-Mitglieder und Unterkomitees delegiert.

Kubernetes, ein Vendor-gesteuertes Technologie-Projekt
Kubernetes ist eine Container-Orchestrierungsplattform aus Googles Entwicklungslaboren. Container sind digitale Pakete, die Software-Installationen verkapseln und mit gleicher Konfiguration in verschiedenen Umgebungen von Laptops bis zu Cloud-Plattformen ausgeführt werden können. Kubernetes verwaltet solche Container in Cloud-Umgebungen, startet und stoppt sie

und passt ihre Größe nach Bedarf an. Mit Kubernetes können Cloudanbieter Softwareinstallationen vorbereiten und in Sekunden bis wenigen Minuten und in beliebiger Zahl für ihre Kunden betriebsbereit machen.

Die Cloud Native Computing Foundation, die neben Kubernetes weitere Cloud-Computing-Projekte betreut, ist Vendor-gesteuert; in ihrem Technical Oversight Committee sitzen Vertreter von Red Hat, Apple, Microsoft, Huawei u. a.

Warum OS? Der OSS-Ansatz bietet Gemeinschaftsprojekten einen legalen Rahmen; eine Stiftung sorgt für Unabhängigkeit und Neutralität. Kein einzelner Vendor dominiert. Alle Beteiligten können die Software nutzen oder auf ihrer Basis kommerzielle Produkte und Dienstleistungen anbieten. Im Gegenzug investieren sie in die Entwicklung. Die OSS-Lizenz hält die Software auf Dauer frei und schützt die Investitionen.

4.6   Anwenderverbund-Projekte

Diese Projekte werden von Endanwendern vorangetrieben, nicht von Software-Anbietern. Unternehmen aus Branchen wie Logistik, Bildung oder Automotive entwickeln gemeinsam Software für ihre eigenen Prozesse. Oft sind auch einzelne Forschungsdienstleister und IT-Unternehmen für die technische Realisierung mit im Projekt.

Was wird entwickelt? Branchenspezifische Lösungen, Industriestandards und Plattformen, vorwiegend um sie selbst zu nutzen.

eCMR für die Logistik-Branche
Frachtdokumente auf Papier sind ineffizient; die bisherigen digitalen Lösungen arbeiten nicht zusammen. Daher haben Logistikunternehmen seit 2021 im OSS-Projekt eCMR die Softwarelösung OLF-eCMR entwickelt. Seit 2025 kann der elektronische Frachtbrief im internationalen grenzüberschreitenden Straßengüterverkehr eingesetzt werden. Die koordinierende Open Logistics

Foundation mit Mitgliedern wie Dachser, DB Schenker, Fraunhofer IML und IT-Anbietern hat für OLF-eCMR eine eigene Lizenz formuliert.

Warum OS? OSS ermöglicht konkurrierenden Unternehmen, gemeinsame Lösungen und Standards zu entwickeln, wenn gute kommerzielle Alternativen fehlen.

4.7   Öffentlich geförderte Open-Source-Projekte

Öffentliche Fördergeber (z. B. Ministerien oder Behörden) finanzieren Software-projekte, die Universitäten, Forschungseinrichtungen, Unternehmen und öffentliche Stellen durchführen – oft in Forschungsverbünden – und als OSS veröffentlichen. Teilweise setzen Ausschreibungen einen thematischen Rahmen und die Konsortien bewerben sich mit konkreten Projektvorschlägen, teilweise wird auch gezielt OSS für genau definierte Zwecke gefördert. Die Projektziele sind oft ähnlich wie bei Anwenderverbund-Projekten: Standardisierung und Software für gemeinsame Nutzung. Dazu kommen strategische Projekte, die bestimmte Technologien einführen und verbreiten sollen. Die Projekte entstehen nicht immer organisch aus direktem Interesse; Förderstellen bestimmen bei den Projektzielen mit. Bei manchen Projekten sind die adressierten künftigen Nutzer in der Steuerung und Umsetzung nur schwach vertreten. Weil es keine dauerhafte Stiftung gibt, fällt es solchen Projekten manchmal schwer, eine nachhaltige Community und dauerhafte Pflege aufzubauen, nachdem die Förderung endet.

Was wird entwickelt? Sogenannte GovTech – Government Technology, Software zur Digitalisierung von Verwaltungsprozessen in Behörden – und strategische Projekte, die relevante Technologien und Standards in Wirtschaft oder Gesellschaft etablieren sollen, z. B. Kollaborations- und Kommunikationslösungen für öffentliche Einrichtungen, Software für Bildung und offene Lernplattformen, Infrastrukturen und Werkzeuge für den Datenaustausch, Referenzimplementierungen und Plattformen, um Standards oder Schnittstellen zu etablieren.

Offene Innovation Schleswig-Holstein

Das Land Schleswig-Holstein förderte im Landesprogramm „Offene Innovation" (gestartet 2024) OSS-Lösungen für konkrete Aufgabenstellungen in öffentlichen Einrichtungen, Bildungseinrichtungen und gemeinnützigen Organisationen, darunter diese beiden:

- die Plattform OGS-Flow zur Digitalisierung von Verwaltungsprozessen wie Anwesenheitsmanagement oder Elternkommunikation in offenen Ganztagsschulen, initiiert vom Deutschen Kinderschutzbund Kreisverband Ostholstein e. V.,
- VAUDI – Verwaltungs-Außendienst Digital, eine mobile Lösung zur rechtssicheren Dokumentation kommunaler Außendiensttätigkeiten, getragen vom Amt Landschaft Sylt.

openDesk und openCode

openDesk ist eine freie Office- und Kollaborationssuite, die einen souveränen digitalen Arbeitsplatz für die öffentliche Verwaltung bietet, unabhängig vom nicht-europäischen Marktführer Microsoft. openDesk entwickelt keine eigenen Anwendungen, stattdessen integriert es bestehende OSS-Lösungen, darunter Nextcloud und Collabora Online, das auf LibreOffice basiert.

Das Projekt entstand aus der Initiative „Souveräner Arbeitsplatz" des Bundesinnenministeriums und wird durch die bundeseigene ZenDiS GmbH betreut. Anfangs waren Projektsteuerung und Lizenzierung nicht transparent, sodass die FSF Europe 2023 Klarheit einforderte und anmahnte, mit öffentlichen Geldern nur genuin OSS-lizenzierte Software zu fördern (FSF Europe 2023). Mittlerweile setzt ZenDiS auf das COSS-Modell mit openDesk als CE unter der Apache-Lizenz und zusätzlichen EE-Angeboten (vgl. Abschn. 6.2). Der openDesk-Code liegt auf openCode, einer mit dem quelloffenen GitLab realisierten, zentralen Plattform, die ZenDiS verwaltet. openDesk wird schrittweise ausgebaut. Behörden und öffentliche Einrichtungen können dort OSS-Verwaltungssoftware beziehen und verfügbar machen.

Edu-sharing

Edu-sharing dient zum Teilen von freien Lehr- und Lernmaterialien. Es stellt Materialsammlungen bereit, vernetzt verschiedene Bildungsplattformen und Lernmanagementsysteme und hat eine zentrale Suchfunktion. Das Projekt, dessen Anfänge in die 1990er Jahre zurückreichen, finanziert sich aus Mitgliedsbeiträgen, Spenden und öffentlicher Förderung. Betreuung und Steuerung liegen bei dem Verein edu-sharing NETWORK e. V., dessen Mitglieder hauptsächlich Betreiber und Entwickler von Bildungsinfrastrukturen sind, z. B. pädagogische Landeszentren, kommunale Schulcloud-Betreiber, Hochschulbereich-Verbünde etc. Ein angeschlossener kommerzieller Dienstleister unterstützt bei Einrichtung und Betrieb der Software.

BaSyx

Das Basissystem Industrie 4.0 (BaSyx) bietet Tools und Softwarekomponenten, um digitale Zwillinge, Verwaltungsschalen (Asset Administration Shells) und vernetzte Produktionssysteme für Industrie 4.0 zu realisieren. Das Bundesministerium für Bildung und Forschung förderte mehrere Verbundprojekte, um BaSyx zu entwickeln. Beteiligt sind u. a. die Rheinisch-Westfälische Technische Hochschule Aachen, das Deutsche Forschungszentrum für Künstliche Intelligenz, ein Fraunhofer-Institut (IESE), mehrere Softwaredienstleister sowie Unternehmen, die kommerziell Industriesoftware entwickeln. Das Projekt gehört als Eclipse BaSyx zum Eclipse-Ökosystem.

Literatur

FSF Europe (2023). Souveräner Arbeitsplatz openDesk: Bundesministerium des Inneren gibt Auskunft- FSFE. https://fsfe.org/news/2023/news-20230920-01.html. (Besucht am 09.11.2025).

Kopp, O., C. C. Snethlage und C. Schwentker (2023). JabRef: BibTeX-based Literature Management Software. In: *TUGboat* 44.138, S. 441–447. https://doi.org/10.47397/tb/44-3/tb138kopp-jabref.

Nagle, F. u. a. (2020). Report on the 2020 FOSS Contributor Survey. Technical Report. The Linux Foundation & The Laboratory for Innovation Science at Harvard.

Ritthoff, O. u. a. (2001). Yale: Yet Another Learning Environment. In: *GI-Workshopwoche „Lernen- Lehren- Wissen- Adaptivität“*, S. 84–92.

Yenişen Yavuz, E., D. Riehle und A. Mehrotra (2025). Why Do Companies Create and How Do They Succeed with a Vendor-Led Open Source Foundation. In: *Empirical Software Engineering* 30.1, S. 1–49. ISSN: 1573-7616. https://doi.org/10.1007/s10664-024-10588-9.

Wie Open-Source-Software entsteht 5

In OSS-Projekten engagieren sich Menschen von überall auf der Welt, oft freiwillig. Dies funktioniert dank der Werkzeuge und Kollaborationsprozesse, die die OSS-Kultur hervorgebracht hat. Sie sind so erfolgreich, dass Unternehmen sie – unter dem Label Inner Source – auch für interne, proprietäre Projekte übernehmen, z. B. SAP (Richter et al. 2025).

5.1 Entwicklung

Ein wichtiges Werkzeug in der Softwareentwicklung ist das Versionskontrollsystem. Es ist hilfreich für Einzelentwickler und noch viel wichtiger, wenn mehrere Personen an einem Projekt arbeiten.

Warum Versionskontrolle?
Angenommen, mehrere Personen arbeiten gemeinsam an einem umfangreichen Dokument – einem Buch mit Hunderten von Seiten – oder an einer Software, deren Quellcode sich über viele Dateien und Module erstreckt.

- **Überschriebene Änderungen:** Person A erweitert Kap. 3, während Person B es gleichzeitig überarbeitet. Wer zuletzt speichert, überschreibt die Arbeit des anderen.

I. Weber, *Open Source Software*, essentials,
https://doi.org/10.1007/978-3-658-51384-9_5

- **Verlorene Versionen:** Plötzlich fehlt ein wichtiger Textteil oder die Software funktioniert nicht mehr. Die alten, vollständigen und funktionierenden Versionen sind bereits überschrieben und damit verloren.
- **Keine Nachvollziehbarkeit:** Niemand weiß mehr, mit welcher Änderung ein bestimmtes Problem aufgetaucht ist und warum eine bestimmte Änderung vorgenommen wurde.

Ein Versionskontrollsystem (VCS) protokolliert und koordiniert den gemeinsamen Entwicklungsprozess. Das meistgenutzte VCS für Code ist Git.

Git

Git ist ein Paradebeispiel eines OSS-Projekts: Im April 2005 kündigte das bisher genutzte proprietäre VCS BitKeeper dem Linux-Projekt zum 1. Juli die bisherige kostenlose Nutzung. Daraufhin entwarf Linus Torvalds ein eigenes VCS, das seinen Anforderungen entsprechen würde – Git. Den ersten Code lieferte er am 7. April; Mitte Juni hatte die Community Git einsatzfähig und in Betrieb. Gits innovativer Ansatz machte es schnell zum De-Facto-Standard (Thommes 2015). Im Jahr 2022 nutzten es 96 % der professionellen Entwickler. Git wird von der Non-Profit-Organisation Software Freedom Conservancy betreut, die den Ideen der FSF nahesteht und sich durch private Spenden und Sponsoren finanziert, darunter Google, Amazon etc.

Bei den meisten modernen OSS-Projekten liegt der Code offen sichtbar auf Plattformen im Internet, die man auch als **Code Forges** („Code-Schmieden") bezeichnet. Die Code Forge ist die Zentrale der Softwareentwicklung, auf der Codebeiträge zusammenfließen und mit einem VCS, meist Git, verwaltet werden.

Code Forges

Am bekanntesten ist die Plattform GitHub mit 150 Mio. Nutzern (GitHub 2025), die seit 2018 zu Microsoft gehört. Ein ähnliches Angebot ist die Plattform Bitbucket von Atlassian. Eine nicht-kommerzielle Plattform ist Codeberg, die mit der FOSS Forgejo des Berliner Vereins Codeberg erstellt ist. Mit den beiden COSS GitLab und Gitea können Projekte ihre eigene Code-

Forge-Infrastruktur aufbauen oder sie als gehostete Dienste nutzen. Für Privatpersonen und kleine Teams sind alle genannten Code Forges in gewissem Umfang kostenlos.

Git organisiert Quellcode – und andere Dateien eines Projekts – in **Repositories,** zusammen mit dem vollständigen Versionsverlauf. Neue Versionen entstehen durch einen **Commit**-Befehl. Dieser speichert die geänderten Dateien, ohne die alten Versionen zu überschreiben, und erstellt einen Snapshot (Schnappschuss) des Projekts, der festhält, welche Versionen der Dateien gerade aktuell sind und wo sie liegen. Damit und mit den bewahrten alten Dateiversionen kann Git jeden Projektzustand zum Zeitpunkt eines Commits wiederherstellen.

Typisch für Git ist, dass der Code eines Projekts an vielen Stellen existiert, vgl. Abb. 5.1. Alle Entwickler arbeiten in eigenen Repos, meist in einem **lokalen Repo** auf dem eigenen Rechner und in einem **Remote-Repo** auf der Code Forge. Ein **zentrales Projekt-Repo** auf der Code Forge enthält den gemeinsamen, offiziellen Projektcode. Aus Entwicklersicht verläuft die Arbeit mit Git und Code Forges im Wesentlichen so (Chacon und Straub 2014):

- Zu Beginn erstellt man eine Kopie des zentralen Repos auf der Code Forge (**fork**), kopiert diese auf den eigenen Rechner (**clone**) und erhält damit ein lokales Repo.

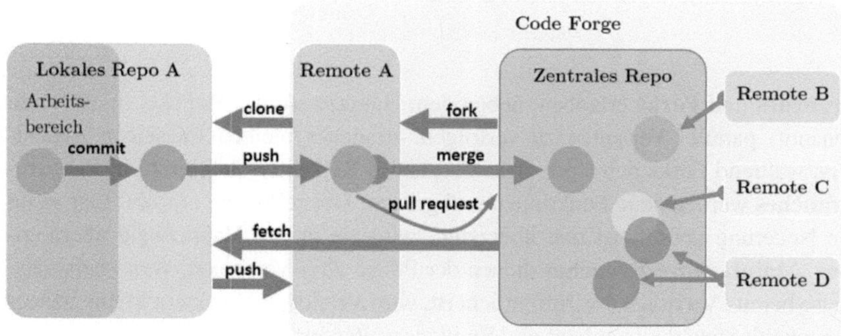

Abb. 5.1 Gängige Datenflüsse mit Git und Code Forges aus Entwicklersicht. Oben: die eigenen Repos einrichten mit fork und clone; in der Mitte: zum zentralen Repo beitragen mit einem Pull Request; unten: die eigenen Repos aktualisieren mit fetch

- Entwickelt wird im Arbeitsbereich des lokalen Repos. Wenn ein Arbeitsschritt abgeschlossen ist, bestimmt man die Dateien, deren neue Versionen gespeichert werden sollen **(Staging),** beschreibt die Änderungen mit einem Kommentar und gibt den Commit-Befehl. Jetzt ist der neue Projektzustand im lokalen Repo angelegt.
- Anschließend überträgt man den Commit in das eigene Remote-Repo **(push).**
- Wer Schreibrechte besitzt, kann seine Commits auch direkt in das zentrale Repo übertragen **(push).**
- Die anderen erstellen stattdessen in ihrem Remote-Repo einen **Pull Request** (oder **Merge Request**), d. h. einen Antrag, die Änderungen in das zentrale Repo zu übernehmen. Schreibberechtigte prüfen den Code. Wenn alles passt und ggf. die CLA vorliegt, übernehmen sie ihn **(merge).**
- Git wendet die Änderungen möglichst automatisch an. Wenn aber Dateien im zentralen Repo zwischenzeitlich widersprüchlich geändert wurden, müssen die Konflikte manuell aufgelöst werden. Darum ist es wichtig, vor Änderungen die eigenen Repos zuerst mit dem zentralen Repo zu synchronisieren (**fetch** und **push**), damit sie dem aktuellen Stand entsprechen und möglichst wenige Konflikte entstehen.

> **Git ohne Code Forge**
> Einige große Projekte, zum Beispiel Linux, verwenden keine Code Forges. Stattdessen werden Änderungen per E-Mail an Mailinglisten geschickt und von Maintainern gelesen und bearbeitet.

Branches und **Forks** erlauben, neben dem Hauptzweig des Projekts (meist main genannt) parallel Varianten zu verfolgen. Branches bleiben im selben Repository, während Forks den Code in ein separates Repository kopieren. In **Feature-Branches** werden neue Funktionen und größere Umstellungen erprobt. Erst wenn die Neuerung geprüft ist und überzeugt, wird sie in den Hauptzweig übernommen. **Maintenance-Branches** dienen der Pflege alter Versionen. Wenn beispielsweise bereits Version 3.0 veröffentlicht ist, wird Version 2.0 in einem Maintenance-Branch mit Sicherheitsupdates und Bugfixes weitergepflegt für Anwender, die noch nicht auf 3.0 umgestiegen sind (vgl. Abschn. 5.3). In einem Fork können Entwickler den Projektcode für ihre eigenen Anforderungen anpassen. Im Grunde ist jede Arbeitskopie zugleich ein Fork. Manchmal bedeutet ein Fork die Abspaltung eines unabhängigen OSS-Projekts: wenn eine Gruppe innerhalb der Community mit der

Projektsteuerung unzufrieden ist und das Projekt in einem eigenen Fork unter neuem Namen weiterführt.

> **Bekannte Forks**
>
> Bekannte Beispiele sind LibreOffice und MariaDB: 2010 kaufte der US-Konzern Oracle die Firma Sun Microsystems, die die Rechte bedeutender OSS-Projekte besaß, darunter das bereits 1994 gegründete Datenbanksystem MySQL und die Office-Suite OpenOffice. OpenOffice beruht auf der Büro-software StarOffice von 1985, die Sun 1999 mit dem Kauf der deutschen Firma Star Division erhalten und 2000 als OpenOffice freigegeben hatte.
>
> Mit Sun erhielt Oracle auch die Markenrechte und die Kontrolle über diese Projekte. Führende Mitglieder der OpenOffice-Community fanden, dass Oracle das Projekt zu wenig unterstützte. Sie spalteten einen Fork ab – Libre-Office – und gründeten die Document Foundation, um es zu betreuen. Den Quellcode konnten sie dank der OSS-Lizenzen kopieren; die Marke OpenOf-fice gehörte Oracle. 2012 übergab Oracle das ursprüngliche OpenOffice an die Apache Software Foundation, die es jetzt als Apache OpenOffice führt.
>
> MySQL-Gründer Michael „Monty" Widenius initiierte schon nach der Übernahmeankündigung 2009 einen MySQL-Fork, den er MariaDB benannte. (My und Maria sind die Namen von Widenius' Töchtern.) MySQL wird als COSS im Dual-Licensing-Modell betrieben (vgl. Abschn. 6.2) und ist nach wie vor sehr erfolgreich. Auch MariaDB prosperiert; es hat die GPL-Lizenz der MySQL CE übernommen.

5.2 Projektleitung und Koordination

Die Aufgaben der Projektleitung umfassen drei Bereiche.

- **Strategische Planung.** Die PL definiert langfristige Ziele (die Projektvision), setzt Rahmenbedingungen wie Lizenz und eventuelle Contributor License Agreements und formuliert Regeln für die Mitentwicklung und den Umgang mitein-ander (Contribution Guidelines, Code of Conduct).

- **Community-Management.** Sie vergibt Rollen wie Maintainer und Committer, moderiert die Kommunikationskanäle, initiiert Abstimmungen und Diskussionen und erläutert wichtige Entscheidungen.
- **Technische Steuerung.** Sie plant die Entwicklung mit Roadmaps und Meilensteinen und entscheidet, wann es eine neue Version (Release) der Software gibt und welche Erweiterungswünsche (Feature Requests) und Fehlerkorrekturen (Bugfixes) diese enthält. Zudem bestimmt sie zentrale technische Abläufe, wie etwa die automatischen Build-Prozesse, die aus dem Quellcode ausführbare Programme erzeugen.

Der **Issue Tracker** – auch Bug Tracker oder Ticket-System genannt – ist die zentrale Schaltstelle des Entwicklungsprozesses. Er sammelt Aufgaben, Probleme und Ideen und macht sie sichtbar und verfolgbar. Oft direkt in die Code Forge integriert, bietet er folgende Funktionen:

- Jedes Community-Mitglied kann ein Issue anlegen mit Titel, Beschreibung und Kennzeichnung, etwa als Bug (Fehlermeldung) oder Feature-Request (Funktionswunsch). Jedes Issue bekommt einen Status und eine Priorität.
- Issues durchlaufen einen festgelegten Workflow mit Status, etwa von „Offen" über „In Bearbeitung" zu „Beendet" oder „Gelöst". Entwickler übernehmen Issues oder bekommen sie zugewiesen.
- Issues lassen sich mit Code-Commits und Pull Requests verknüpfen, in denen sie gelöst werden. Zudem lassen sich Abhängigkeiten zwischen Issues kennzeichnen, um die Arbeit zu koordinieren.
- Issues können kommentiert werden.
- Personen mit entsprechender Befugnis priorisieren Issues, d. h. sie bestimmen, ob und wann ein Issue bearbeitet wird. Issues können Releases und Meilensteinen (Milestones) zugeordnet werden, in denen sie gelöst sein sollen.

Ein Issue Tracker wirkt auf den ersten Blick wie ein reines Entwicklerwerkzeug, doch durch die Priorisierung dient er auch der Steuerung. Der Issue Tracker und die Code Forge geben Einblick in ein Projekt: Man sieht, in welchen Bereichen Probleme auftreten, wie viele Issues offen sind, wie schnell sie bearbeitet werden, wie groß und wie aktiv die Community ist und vieles mehr.

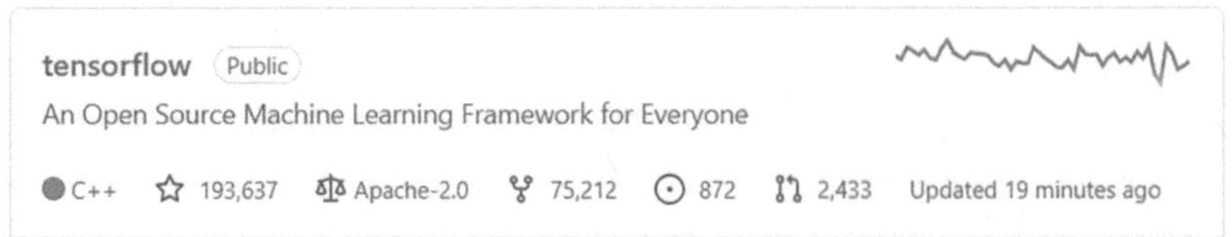

Abb. 5.2 Ausschnitt einer Projektseite auf GitHub (TensorFlow@GitHub 2025)

Einblick in ein Projekt auf GitHub
Der kleine Ausschnitt aus einer GitHub-Seite in Abb. 5.2 zeigt, wie leicht sich Informationen über den Zustand eines OSS-Projekts gewinnen lassen. Die Seite gehört zu TensorFlow, einer Programmbibliothek für maschinelles Lernen, vergleichbar mit PyTorch. Das Projekt TensorFlow pflegt mehrere Repos. Der Ausschnitt zeigt eine Übersicht des Repos TensorFlow mit den wichtigsten Kennzahlen: die Lizenz (Apache-2.0), die Anzahl der Forks (75 212), offenen Issues (872) und Pull Requests (2 433), und wann die letzte Aktualisierung war (sehr aktuell 19 min zuvor). Die Zackenlinie rechts oben zeigt den Verlauf der Commit-Aktivität im letzten Jahr – insgesamt also ein großes und aktives Repo. Durch Klick auf die Übersicht gelangt man zu Seiten mit dem Code, den Issues, den Pull Requests etc.

Neben dem Issue Tracker gibt es in OSS-Projekten meist noch weitere Kommunikationskanäle:

- **Online-Foren** sind webbasierte Plattformen, vor allem für Fragen und Antworten der Community-Mitglieder und für allgemeine Diskussionen. Beispiele sind Discourse oder Reddit-Subreddits, etwa für LibreOffice.
- **Mailinglisten** sind das klassische, E-Mail-basierte Tool in OSS-Communities für Ankündigungen, Diskussionen, Support und teilweise auch für Codebeiträge. Die Nachrichten gehen an alle Abonnenten einer Gruppe und sind auch später noch abrufbar. Beispiele sind die Mailinglisten der Apache Software Foundation und der Linux-Entwickler.
- **Discord-Server, Slack** und ähnliche Chat-Plattformen bieten Echtzeit-Kommunikation in Text- und Voicechats, in denen Entwickler schnell Fragen klä-

ren können. Projekte nutzen sie auch für Online-Meetings, Live-Coding-Sessions und sonstige Community-Events.

- Die **Dokumentation** ist eine dauerhafte Dokumentensammlung mit Handbuch, Entwicklerdokumentation, Anleitungen, Tutorials, Community-Richtlinien etc. Oft ist sie direkt im Repository gespeichert und in die Versionskontrolle integriert.
- **Wikis** sind Webseitensammlungen, um schnell Texte zu erfassen, zu bearbeiten und zu organisieren. Sie sind für dauerhafte Speicherung gedacht, aber weniger formal und strukturiert als die Dokumentation.
- **Konferenzen** und kleinere Treffen der Community mit Vorträgen, Tutorials und Diskussionen finden online und physisch statt, in großen Projekten mehrmals im Jahr an verschiedenen Orten.

5.3   Release-Management

Software entsteht Stück für Stück. Dabei gibt es Phasen, während denen der Projektcode noch unvollständig ist und instabil läuft, bis er wieder einen stabilen Entwicklungsstand erreicht.

▶ Ein **Release** ist ein freigegebener, in sich abgeschlossener und funktionsfähiger Entwicklungsstand einer Software. Ein Release kann neben dem Quellcode auch fertig kompilierte, ausführbare Versionen für verschiedene Betriebssysteme bereitstellen.

Oft sind einzelne Releases markiert: **General Availability (GA)** sind für den produktiven Einsatz empfohlene Releases. **Long Term Support (LTS)** sind Releases, die über einen langen Zeitraum Fehlerkorrekturen und Sicherheitsupdates erhalten. Sie eignen sich für Anwender, die den Aufwand für Updates begrenzen möchten und dafür auf neue Funktionen verzichten.

Releases sind nummeriert. Änderungen gegenüber dem jeweils letzten Release werden in Release Notes dokumentiert.

Semantische Versionierung

Weitverbreitet ist die Semantische Versionierung mit dem Muster major.minor.patch (z. B. 2.1.3). Sie zeigt Anwendern einer Software auf einen Blick, was sie von einem neuen Release erwarten können:

- **Patch-Updates** (2.1.3 → 2.1.4) sind notwendige Fehlerkorrekturen oder Sicherheitsupdates und sollten sofort installiert werden.
- **Minor-Updates** (2.1.4 → 2.2.0) bringen neue Funktionen oder Verbesserungen, sind aber kompatibel mit der Vorgängerversion, sodass man die bereits installierte Softwareversion mit wenig Aufwand mit dem neuen Release aktualisieren und direkt weiterarbeiten kann.
- **Major-Updates** (2.2.0 → 3.0.0) bringen größere und möglicherweise inkompatible Änderungen. Diese können umfangreiche Anpassungen erfordern, z. B. die Umstellung von Daten auf ein neues Format oder die Umprogrammierung angebundener Systeme.

Zusätze können die Nummern ergänzen:

- Development (2.1.0-dev) ist in Entwicklung.
- Alpha, Beta (2.1.0-alpha, 2.1.0-beta) sind Versionen für frühe Tests.
- Release Candidate (2.1.0-rc1) ist ein Kandidat für die finale Version und wird nur noch auf letzte Fehler geprüft.

Software-Einführungen und Updates verursachen Aufwand und haben zudem das Risiko, dass eine neue oder aufgefrischte Software nicht so gut funktioniert wie die alte Lösung. Release-Nummern geben Anwendern Orientierung für die Planung. Wer eine Software neu einführen möchte, kann ein bevorstehendes Major Release abwarten und für Evaluation oder erste Vorbereitungen einen Release Candidate verwenden. Major Releases mit niedrigen Minor- und Patch-Nummern wie (x.0.0) sind meist noch etwas instabil; wer die Neuerungen des Release nicht dringend braucht, sollte die ersten Patch-Updates abwarten.

Literatur

Chacon, S. und B. Straub (2014). Pro Git. 2. Aufl. https://git-scm.com/book/en/v2. New York: Apress. (Besucht am 09.02.2026.)

GitHub (2025). About GitHub. https://github.com/about. (Besucht am 09.02.2026.)

Richter, K. S., J. Rüssel und K. Karczewski (2025). Improving Design System Adoption with Inner Source. In: *Proceedings of the Extended Abstracts of the CHI Conference on Human Factors in Computing Systems. CHI EA '25*. New York, NY, USA: Association for Computing Machinery, S. 1–6. https://doi.org/10.1145/3706599.3706705.

TensorFlow@GitHub (2025). Tensorflow. https://github.com/tensorflow. Stand vom 07.02.2026.

Thommes, F. (2015). Versionsverwaltung: Vor 10 Jahren entwickelte Linus Torvalds Git. In: *ComputerBase*. https://www.computerbase.de/news/apps/versionsverwaltung-vor-10-jahren-entwickelte-linus-torvalds-git.48990/. (Besucht am 09.02.2026.)

Geschäftsmodelle mit Open-Source-Software

6

OSS ist Basis erfolgreicher Geschäftsmodelle.

6.1 Distribution, Wartung und Support

Das klassische OSS-Geschäftsmodell beruht auf Dienstleistungen zur OSS:

- **Distributionen** sind aufeinander abgestimmte, vorkonfigurierte und getestete Pakete (Bundles) von Softwarekomponenten, die einfach zu installieren und direkt nutzbar sind. Eine Distribution erspart dem Anwender, passende Komponenten zusammenzusuchen, sie zu konfigurieren und ihren Quellcode in ausführbaren Objektcode zu übersetzen.
- **Wartungsverträge** regeln, dass der Dienstleister Updates und Fehlerkorrekturen für die Software bereitstellt und sie, optional, auch installiert.
- **Supportverträge** sichern dem Anwender bei Störungen oder Fragen technische Unterstützung zu, meist mit definierten Reaktionszeiten (Service Level Agreement, SLA) und Kommunikationskanälen wie Hotlines oder Ticketsystemen.

Häufig sind die Verträge als **Enterprise-Subskriptionen** an die Distributionen des Anbieters gekoppelt. Zusammen mit Schulungen, Zertifizierungen, Programmierarbeiten, Consulting etc. machen diese Serviceangebote OSS verlässlich und unternehmenstauglich. Die Dienstleister können sie anbieten, ohne selbst Rechte an der OSS zu besitzen, denn die OSS-Lizenz gewährt die nötigen Freiheiten, und auch der Zugang zu Software-Updates und Informationen ist frei.

© Der/die Autor(en), exklusiv lizenziert an Springer Fachmedien Wiesbaden GmbH, ein Teil von Springer Nature 2026
I. Weber, *Open Source Software*, essentials,
https://doi.org/10.1007/978-3-658-51384-9_6

Red Hat
Der OSS-Dienstleister und Linux-Distributor Red Hat wurde 2019 für
34 Mrd. US$ von IBM übernommen – damals eine der teuersten IT-
Akquisitionen überhaupt.

Viele OSS-Dienstleister investieren in die Projekte: Sie sponsern sie finanziell und entsenden Mitarbeiter, die Code beitragen und möglichst auch in der Projektsteuerung mitwirken. Dabei gewinnen sie Expertise und Reputation, die wiederum ihrem Marketing zugutekommen.

6.2   Single-Vendor Commercial Open-Source-Software

Ein weiteres verbreitetes OSS-Geschäftsmodell ist COSS (vgl. Abschn. 4.3). Es setzt voraus, dass die Verwertungsrechte für den Code vollständig bei einem SV liegen, sodass dieser die Lizenzierung bestimmen kann. Es gibt zwei Modelle, mit fließendem Übergang.

- Bei **Dual Licensing** (Doppellizenzierung) erscheint die Software in zwei Versionen: als CE mit OSS-Lizenz und als EE mit proprietärer Lizenz.
- Bei **Open-Core** ist nur der Kern der Software mit den wichtigsten Funktionen offen lizenziert; weitere Funktionen sind dagegen proprietär.

Das kommerzielle Ziel ist, CE-Nutzer als zahlende EE-Kunden zu gewinnen. Verschiedene Gründe können für einen Umstieg sprechen, zunächst die OSS-Lizenz selbst: Eine proprietäre Lizenz befreit den Anwender von OSS-Pflichten und bietet Rechtssicherheit, wenn der Anwender Code weitergibt, auch intern. Der SV übernimmt Gewährleistung und stellt den Anwender von Haftungsansprüchen Dritter frei (Indemnification). Weiterhin ist die Grenze zwischen CE und EE von Bedeutung: Oft enthält nur die EE Funktionen, die für den produktiven Einsatz im Unternehmen wichtig sind, z. B. Administrationstools, Module für mehr Ausfallsicherheit oder Schnelligkeit (Clustering, High Availability) und Schnittstellen zu externen Systemen wie bestimmten Datenbanksystemen oder zu einem zentralen Benutzerverzeichnis. Zudem kann der SV, wie im klassischen OSS-Dienstleistergeschäft, Support-Verträge und SLAs an eine EE-Lizenz koppeln.

Auch das Release-Management kann Druck in die EE aufbauen: Unternehmen sind auf zeitnahe Bugfixes und Sicherheitsupdates für die aktuell eingesetzte Softwareversion angewiesen. Häufige größere Release-Wechsel mit Feature-Updates sind dagegen ungünstig; sie erfordern Datenmigrationen, sind inkompatibel zu bestehenden Konfigurationen und Schnittstellen und zwingen die Nutzer zum Umlernen. Ein SV kann damit strategisch steuern: Die CE erhält häufig Releases mit neuen Features, die Anwender übernehmen müssen, da sie auch Fehlerreparaturen und Sicherheitsupdates beinhalten. Die EE bietet hingegen langfristig gepflegte Releases mit Patches, die ausschließlich der Fehlerkorrektur und Sicherheit dienen.

Bei COSS muss die Balance stimmen: Die CE muss so nützlich sein, dass sie den Anwender überzeugt und bindet; dennoch muss sich der Umstieg auf die EE lohnen. Wichtig ist auch, dass typische Anwender die Kosten der EE verkraften können. Software, die zu starken Druck in die EE aufbaut und sich als CE kaum dauerhaft produktiv nutzen lässt, wird im OSS-Ökosystem als schein-offen kritisiert.

6.3 Cloud- und Hosting-Dienste

Ein drittes OSS-Geschäftsmodell besteht darin, OSS als Dienst anzubieten. Bei kompletten Business-Anwendungen spricht man von Software-as-a-Service (SaaS), bei technischen Komponenten – wie etwa Datenbanken – von Managed Services, Infrastructure-as-a-Service, o. ä. Dabei stellen Anbieter die OSS fertig installiert in einer Cloud bereit. Kunden bedienen die Software über eine Weboberfläche oder greifen über Schnittstellen mit ihren Softwaresystemen darauf zu. Abgerechnet wird per Abo oder nach Nutzung.

> **SaaS-Beispiel**
> Kunden nutzen ein MySQL-Datenbanksystem in Microsofts Azure-Cloud. Leistung, Größe und der geografische Standort des Rechenzentrums lassen sich konfigurieren. Die Kosten für eine kleine Instanz könnten sich so zusammensetzen: 12,5 € Grundgebühr + 5 € für 50 GB Speicher + 1 € für Backups + 2,5 € für erfolgte Datenabrufe = 21 € pro Monat.

SaaS bringt Kunden Vorteile: die Software ist kurzfristig betriebsbereit, Speicher und Rechenpower passen sich flexibel an die Nachfrage an, Investitionen in eigene Hardware und Administrationsaufwand entfallen. Zudem garantieren die Anbieter meist eine hohe Ausfallsicherheit, die viele Unternehmen selbst kaum erreichen könnten.

WordPress

WordPress (WP) ist eine OSS zum Erstellen von Blogs und Websites. Eine WP-Site benötigt, außer der Serverhardware und WP, noch die Ausführungsumgebung PHP (ebenfalls OSS), eine Datenbank und eine Webserver-Software. Mit dem LAMP-Stack – Linux als Betriebssystem, Apache-Webserver, MySQL-Datenbank und PHP – lässt sich eine Website komplett mit OSS realisieren.

WP wurde 2003 von Matt Mullenweg und Mike Little initiiert, steht unter GPL-Lizenz und wird durch die WP Foundation betreut. WP wird nicht als COSS vermarktet. Mullenwegs Unternehmen Automattic bietet WP-Sites als SaaS an, kleine Sites sogar kostenlos. Bei vielen Webhostern (z. B. Strato) gehört WP mit zum Angebot. Über 40 % aller Websites weltweit laufen mit WP. Tausende Themes (Designvorlagen) und Plugins, z. B. für Webshops, ergänzen WP, teilweise als COSS. Zudem gibt es zahlreiche Dienstleister für WP, von Webagenturen bis zu Distributoren.

Open-Source-Software anwenden 7

OSS verspricht Kostenvorteile, Flexibilität und Unabhängigkeit, doch ihr Einsatz hat auch Risiken. Dabei macht es einen Unterschied, ob man OSS für eigene Zwecke nutzt oder in Produkte integriert und weitervertreibt.

7.1 Open-Source-Software als Anwender nutzen

Anwender können OSS schnell einführen: Sie ist kostenlos und sofort verfügbar. Dies birgt das Risiko, dass sich die Software erst im Produktivbetrieb als ungeeignet zeigt und Zeit und Aufwand für die Einführung verschwendet sind. Daher sollte man auch OSS vor dem Einsatz sorgfältig bewerten. Im Idealfall bringt sie Anwendern im Vergleich zu proprietärer Software einige Vorteile:

- Sie ist meist kostengünstiger, da die Lizenz nichts kostet und auch Anbieter begleitender Dienstleistungen im freien Wettbewerb stehen.
- Sie bietet Flexibilität, denn Anwender können in der Community die Software mitgestalten oder den Quellcode selbst anpassen.
- Sie ist transparent und zukunftssicher, denn kein Hersteller kann unsichtbare oder unerwünschte Funktionen einbauen (z. B. Daten abgreifen), die Nutzungsbedingungen ändern (z. B. den Umstieg auf eine Cloud-Version erzwingen) oder Lizenz und Support nach Belieben verteuern.

Vendor-Lock-in bedeutet, dass eine Software ihre Anwender faktisch am Wechsel zu Alternativen hindert (etwa indem sie den Datenexport erschwert). Bei OSS können Anwender Vendor-Lock-in vermeiden: Für Support und SaaS können sie meist leicht

© Der/die Autor(en), exklusiv lizenziert an Springer Fachmedien Wiesbaden GmbH, 47
ein Teil von Springer Nature 2026
I. Weber, *Open Source Software*, essentials,
https://doi.org/10.1007/978-3-658-51384-9_7

neue Dienstleister beauftragen. Die Software können sie prinzipiell modifizieren oder selbst weiterführen, auch wenn dies in der Praxis recht aufwendig ist.

OpenSearch
Das Unternehmen Elastic stellte 2021 seine Such- und Analyse-Software Elasticsearch von Apache-2.0 auf Doppellizenzierung um, mit SSPL für die CE und einer Lizenz für den kommerziellen Einsatz. AWS führte daraufhin einen Fork des letzten Apache-2.0-lizenzierten Release als OpenSearch unter der Apache-2.0 weiter (Meadows et al. 2021). OpenSearch ist jetzt ein community-gesteuertes Projekt, betreut von der OpenSearch Software Foundation unter dem Schirm der Linux Foundation. Zu den Sponsoren gehören neben AWS auch IBM, SAP, Uber und einige mehr. Ab September 2024 erhielten Teile des Elasticsearch-Codes als dritte Lizenzoption die AGPL und sind damit wieder OSI-konforme OSS.

Risiken von OSS betreffen für Anwender vor allem IT-Sicherheit und Betriebszuverlässigkeit.

IT-Sicherheit umfasst Datenschutz, Integrität und Verfügbarkeit: eine sichere Software öffnet Unbefugten und Angreifern keine Lücken, über die sie interne Daten lesen, Daten oder Abläufe manipulieren oder Systeme ganz außer Betrieb setzen können. Die Viele-Augen-Regel sieht offenen Quellcode dabei als Vorteil: Sicherheitslücken entstehen seltener, da eine große Entwickler-Community Probleme schnell erkennt und behebt. Andererseits ist OSS auch für Angreifer transparent. Sie können im Quellcode gezielt Schwachstellen suchen, sowohl völlig neue (sogenannte Zero-Day-Exploits) wie auch bekannte, die die Community noch nicht behoben hat. Es kam auch schon vor, dass Angreifer als Entwickler in ein Projekt eingedrungen sind und gezielt Schadcode platziert haben.

XZ-Utils-Backdoor
Die XZ-Utils-Backdoor war ein über Jahre vorbereiteter Angriff auf das Linux-Tool XZ-Utils: im Jahr 2021 kam ein neuer Entwickler „Jia Tan" zum Projekt und arbeitete kontinuierlich mit, bis er schließlich als Committer direkten Zugriff auf den Code erhielt. 2024 nutzte er diese Position, um eine raffiniert versteckte „Backdoor" einzubauen. Über diese Hintertür hätten Unbefugte aus der Ferne auf Computer mit installierten XZ-Utils zugreifen

> können. Ein PostgreSQL-Entwickler entdeckte den Schadcode eher zufällig, während er andere Software testete, und noch bevor die kompromittierte Version von XZ-Utils voll in Umlauf kam. Die reale Person oder Gruppe hinter „Jia Tan", die vermutlich zeitweilig noch mit weiteren Identitäten im Projekt mitmischte, wurde bisher nicht identifiziert.

Betriebssicherheit bedeutet, dass die Software dauerhaft und zuverlässig verwendbar ist. Für Anwender beinhaltet das konkret:

- Das OSS-Projekt pflegt und aktualisiert die Software kontinuierlich.
- Bei Bedarf sind fachkundige Mitarbeiter und Dienstleister verfügbar.

Projekte können verwaisen, weil ihre Entwickler das Interesse verlieren oder sie bewusst aufgeben. Auch wenn die Software weiterhin verfügbar bleibt, wird sie ohne Sicherheitsupdates, Fehlerbehebungen und Anpassungen an neue Standards mit der Zeit unbrauchbar. Bei COSS und Software, für die es Enterprise-Subskriptionen und Dienstleister gibt, ist das Risiko der Verwaisung geringer. Ein aufgegebenes OSS-Projekt bietet gegenüber abgekündigter proprietärer Software einen Vorteil: der Quellcode bleibt verfügbar, sodass Anwender das Projekt fortführen können.

Um Risiken zu minimieren, lohnt es sich, OSS-Projekte vor der Einführung der Software genau anzuschauen (vgl. Abschn. 5.2). Wichtig sind die Lizenz des Projekts, die Größe und die Ziele seiner Community, wie aktiv das Projekt ist, ob es professionelle Dienstleister gibt und ob ein bestimmtes Unternehmen dahintersteht. Bei COSS sollten Anwender den Funktionsumfang der CE und den Druck zum Umstieg auf die EE prüfen und ggf. die Kosten der EE kalkulieren. Bei den meisten Projekten können Anwender auch selbst zur Stabilität beitragen, durch Sponsoring, die Entsendung eigener Entwickler oder sonstige Mitarbeit in der Community.

7.2   Open-Source-Software als Softwareproduzent einbinden

In der professionellen Softwareproduktion sind OSS-Komponenten heute Standard. Über 90 % aller kommerziellen Softwareprodukte enthalten OSS. Die Vorteile sind vielfältig: geringere Kosten, schnellere Entwicklung, vielfach bewährter Code statt neuer Lösungen, Einhalten etablierter Standards.

Wer OSS in eigene Produkte einbaut und diese weitervertreibt, hat neben den im Abschn. 7.1 genannten Sicherheitsrisiken vor allem mit **Compliance**-Themen zu tun, also damit, Regeln und Gesetze einzuhalten. Bei OSS sind insbesondere die Lizenzbedingungen zu erfüllen, je nach Lizenz indem man den Quellcode von OSS-Komponenten verfügbar macht, den Lizenztext angibt, Codeänderungen kennzeichnet und bei Copyleft-Lizenzen ggf. die gesamte Software unter eine OSS-Lizenz stellt.

Entr'ouvert gegen Orange S.A.
2011 klagte die französische Softwarefirma Entr'ouvert gegen den Telekommunikationsriesen Orange wegen Verletzung der GPL-Lizenz. Orange hatte die Lizenz bewusst übergangen, nachdem Entr'ouvert ihnen eine kommerzielle Lizenz verweigert hatte. Im Februar 2024 wurde Orange zu 900.000 € Schadensersatz verurteilt, inklusive 150.000 € für immateriellen Schaden – eine in Europa seltene hohe Entschädigung in einem OSS-Verfahren.

Die **Sicherheitsrisiken** von OSS betreffen Softwareproduzenten noch stärker als Anwender, da Schwachstellen in Komponenten auch das eigene Softwareprodukt gefährden. Produzenten sind für die Sicherheit ihrer Produkte gegenüber Kunden verantwortlich, bis hin zum Schadensersatz.

OSS in der europäischen Produkthaftungsrichtlinie
In der europäischen Produkthaftungsrichtlinie von 2024 (Richtlinie (EU) 2024/2853 2024) hat OSS eine Sonderstellung: Solange sie nicht kommerziell genutzt wird, sind ihre Entwickler und Bereitsteller von der Haftung ausgenommen. Wird sie jedoch in Diensten oder Produkten eingesetzt, die dafür Bezahlung oder personenbezogene Daten fordern, gilt dies als kommerzielle Tätigkeit und die Richtlinie greift für Dienstanbieter bzw. Softwareproduzenten.

Wie kann man mit den Risiken umgehen? Als wichtigste Maßnahmen gelten verbindliche OSS-Richtlinien und Software-Analysen.

▶ Eine **OSS-Richtlinie (OSS Policy)** legt fest, welche OSS-Lizenzen zulässig sind und welche einer expliziten Genehmigung bedürfen.

Alternativ kann ein formaler Genehmigungsprozess eingerichtet werden, der jede neue OSS-Komponente prüfen und explizit freigeben muss. Zudem ist es nötig, die verwendeten OSS-Komponenten zu erfassen und zu analysieren. Dafür gibt es automatische Tools.

▶ Eine **Software-Materialliste (Software Bill of Materials, SBOM)** ist eine maschinenlesbare Liste aller Komponenten eines Softwareprodukts.

▶ **Software Composition Analysis (SCA)** sind Verfahren und Werkzeuge, um alle, auch transitive Komponenten einer Software zu ermitteln.

SCA-Tools durchsuchen den Quellcode einer Software und den aller darin verwendeten OSS-Bibliotheken, um eine SBOM zu erstellen. Diese SBOM vergleichen sie mit Sicherheitsdatenbanken (wie z. B. mit der National Vulnerability Database) und identifizieren so Komponenten mit bekannten Sicherheitslücken.

> **SBOM im Cyber Resilience Act**
> Der EU Cyber Resilience Act, der ab 2027 vollständig in Kraft ist, verlangt eine SBOM, die jedoch nicht veröffentlicht werden muss (BSI 2025).

Literatur

BSI (2025). Cyber Resilience Act. https://www.bsi.bund.de/EN/Themen/Unternehmen-und-Organisationen/Informationen-und-Empfehlungen/Cyber_Resilience_Act/cyber_resilience_act.html?nn=1125484. (Besucht am 09.02.2026.)

Meadows, C. u. a. (2021). Introducing OpenSearch | AWS Open Source Blog. https://aws.amazon.com/blogs/opensource/introducing-opensearch/. (Besucht am 09.02.2026.)

Richtlinie (EU) 2024/2853 (2024). Richtlinie (EU) 2024/2853 des Europäischen Parlaments und des Rates vom 23. Oktober 2024 über die Haftung für fehlerhafte Produkte und zur Aufhebung der Richtlinie 85/374/EWG des Rates. https://eur-lex.europa.eu/legal-content/DE/TXT/PDF/?uri=OJ:L_202402853.

Fazit 8

OSS leistet wertvolle Beiträge für Technik, Wirtschaft und Gesellschaft. Fast jede moderne Software enthält heute OSS-Code, der die Softwareherstellung und damit auch den technischen Fortschritt beschleunigt. OSS-Werkzeuge und -Arbeitsweisen, die Austausch und Zusammenarbeit fördern, wirken auch in der kommerziellen Software-Entwicklung. OSS-Lizenzen sichern die Unabhängigkeit der Software und schaffen so eine Basis für gemeinsame Entwicklungsprojekte, auch für Beteiligte, die sonst im Wettbewerb stehen. OSS gibt allen Menschen Zugang zu digitalen Technologien und damit zu Information, Bildung und Möglichkeiten, berufliche Kompetenzen und Karrierechancen aufzubauen. OSS gibt Ideen die Chance, realisiert zu werden, und ist mit verschiedenen Geschäftsmodellen zu einem wichtigen Wirtschaftsfaktor geworden.

Politische und wirtschaftliche Verschiebungen haben bewusstgemacht, wie wichtig digitale Unabhängigkeit für Staaten, Behörden und Unternehmen ist. In OSS erkennen sie einen schnellen Weg zu diesem Ziel und können dabei sogar Softwarekosten senken. Trotz Schwächen und Risiken ist OSS ein erfolgreiches Modell für Fortschritt und Souveränität im Bereich digitaler Technologien. OSS entsteht jedoch nicht von allein. Sie wird von Menschen erstellt, die ihren Lebensunterhalt bestreiten müssen und Anerkennung für ihre Leistung erwarten dürfen. Vielen Projekten fehlt eine dauerhafte Finanzierung, was es ihnen schwermacht, die Software auf Dauer zu warten und sie sicher und aktuell zu halten. OSS funktioniert, wenn diejenigen, die davon profitieren und die Mittel haben, etwas zurückgeben. Auch kommerzielle IT-Unternehmen, die bis Ende der 1990er Jahre OSS noch als Konkurrenz oder Bedrohung wahrnahmen, haben dies erkannt. Das Ziel von OSS ist nicht Gratis-Software, sondern freie Software, die alle nutzen, anpassen und weiterentwickeln können. Oder, wie es die Free-Software-Bewegung sagt: frei wie in Redefreiheit, nicht wie in Freibier.

© Der/die Autor(en), exklusiv lizenziert an Springer Fachmedien Wiesbaden GmbH, 53
ein Teil von Springer Nature 2026
I. Weber, *Open Source Software*, essentials,
https://doi.org/10.1007/978-3-658-51384-9_8

Was Sie aus diesem *essential* mitnehmen können

- Wesentlich für OSS ist die Freiheit, die sie gewährt und durch Lizenzen rechtlich absichert. Organisationen vertreten die Interessen von OSS und betreuen Projekte.
- OSS-Projekte unterscheiden sich in Größe, Finanzierung und Zielsetzung. Unternehmen fördern OSS, weil sie ihren Interessen dient.
- OSS nutzt wirksame Prozesse und Tools, die auch die kommerzielle Software-Entwicklung übernommen hat.
- OSS ist Grundlage verschiedener Geschäftsmodelle und ist ein gewichtiger Wirtschaftsfaktor.
- Der OSS-Einsatz bringt neben Vorteilen auch Risiken mit sich, die sich durch geeignete Maßnahmen minimieren lassen. OSS öffnet Wege zu persönlicher und gesellschaftlicher Entwicklung, Innovation und digitaler Souveränität.

I. Weber, *Open Source Software*, essentials,
https://doi.org/10.1007/978-3-658-51384-9